MADITA BÖER

Der Ruf von Mutter Erde

arkana

MADITA BÖER

Der Ruf von Mutter Erde

Die kostbare Weisheit der letzten

ANDEN-SCHAMANEN

arkana

MIX
Papier | Fördert
gute Waldnutzung
FSC® C004378

Penguin Random House Verlagsgruppe FSC® N001967

2. Auflage
Originalausgabe

in der Penguin Random House Verlagsgruppe GmbH,
Neumarkter Straße 28, 81673 München
Lektorat: Annette Gillich-Beltz, Essen
Umschlaggestaltung: ki36 Editorial Design, München
Umschlagmotive: SinghaphanAllB/getty images (Berge),
creativemarket (Illustrationen)
Satz: Satzwerk Huber, Germering
Druck und Bindung: PB Tisk a.s., Pribram
Printed in the Czech Republic
ISBN 978-3-442-34262-4

www.arkana-verlag.de

Schamanische Übungen und Meditationen zum Download

Fünf Übungen, die dir helfen können, dich zu erden, zu spüren, auszurichten, zu reinigen und aufzuladen, sind Bestandteil dieses Buches. Du kannst die Audiodateien kostenlos herunterladen unter: https://www.randomhouse.de/Der-Ruf-von-Mutter-Erde

Inhalt

Einleitung 11

Die Kosmologie der Paqos 25
Don Mariano und Don Sebastian 27
Kawsay – alles ist lebendige Energie 30
Du bist Kawsay 38
Pachamama – die Mutter von Zeit und Raum 42
Die drei Zentren: Herz, Kopf, Bauch 58
Sami und Hucha – leichte und schwere Energie 61
Ayni – die heilige Wechselwirkung 66
Kallpa – innere Stärke durch die Kraft der Natur 72

Die drei Säulen der Andentradition 77
Entfalte deine wahre Natur 79
1. Säule Zeremonien – Kommunikation mit der Natur 80
2. Säule Initiationen – der Kosmos in dir 92
3. Säule Mesa – die heilige Arbeit mit Steinen 98

Lerne die Kunst der Despachos 117
Interdependenz als kreative Kraft 119
Die Kraft der Despacho-Zeremonien 129
Despacho-Grundlagen 136
Zutaten für ein Despacho 142
Despacho-Anleitung 151

Schamanische Übungen ... 169
Heilung deiner Beziehung zu Pachamama ... 171
Erdung und Vertrauen ... 175
Dein achtes Chakra – die Wiraqocha ... 177
Stärkung deines Raumes ... 183
Die Verbindung zu deinem Itu Apu und deiner Paqarina ... 188
Dein Ayni – drei Schritte für Veränderungen ... 191
Innere Verletzungen heilen ... 201
Hucha ausleiten ... 208
Deine Energie stärken ... 217

Nachwort ... 227
Dank ... 233
Glossar ... 235
Anmerkungen ... 249
Bildnachweis ... 251
Über die Autorin ... 253

Die fünf schamanischen Übungen

Schamanische Übung 1: Erden – mit Pachamama verbinden ... 176
Schamanische Übung 2: Fühlen – deine Wiraqocha öffnen ... 180
Schamanische Übung 3: Ausrichten – Aktivierung der sieben Sonnen ... 184
Schamanische Übung 4: Reinigen – Hucha Mikuy ... 213
Schamanische Übung 5: Aufladen – Saminchakuy, Tullunchakuy, Yawarchakuy, Kallpachakuy ... 221

*Es ist die Liebe von Pachamama,
die Energielinien erschafft –
diesen können wir folgen, und sie bringen
uns in diesem Moment zusammen.*

DON SEBASTIAN SUCCLE APAZA

EINLEITUNG

In einer kühlen Seitengasse sehe ich einen kleinen Laden. Die Geräusche der Marktstände auf der Plaza rücken in den Hintergrund, je weiter ich der kleinen Straße folge. Pisaq ist bunt und voll mit Menschen, Reisenden, spirituell Suchenden und den lokalen Händlern, die ihre wunderschönen Handwerkswaren anbieten. Die kleine Stadt liegt nur eine halbe Stunde mit dem Bus von Cuzco entfernt. Ich betrete den Laden, der bis oben hin mit Steinen gefüllt ist. Ich bin ganz allein. Links an der Wand steht ein einfaches Regal aus groben Brettern, das sich unter der Last der vielen Steine biegt. Es sind schwere Meteoriten, wie man sie nur in den hohen Bergen von Peru findet. In der hinteren Ecke steht der Verkäufer, geschmückt mit einem bunten, aus Lamawolle gewebten Poncho und einer Mütze mit Ohrlappen. Sie hat ein Diamantenmuster in allen Regenbogenfarben und ist bestickt mit Hunderten von kleinen weißen Perlen. Die Perlen symbolisieren die Sterne, der Diamant steht für die Sonne.

»Bien venido, Schwester! Woher kommst du?«

»Aus Deutschland. Ich bin das erste Mal in Peru.«

»Ah, que bien, sumaq. Herzlich willkommen in Peru«, entgegnet er freundlich.

»Ich würde gerne zwei Meteoriten mitnehmen«, sage ich etwas schüchtern. »Sie sind für meinen persönlichen Altar, meine Mesa.«

»Ah, du hast eine Mesa, dann erarbeitest du dir hier in Peru deine Medizinsteine dafür? Na, dann brauchst du einen weiblichen und einen männlichen Stein.« Er kramt in dem überquellenden Regal herum und reicht mir einen runden und einen gewellten Stein. »Dieser hier ist männlich. Er ist magnetisch«, sagt er, als er mir den runden Stein hinhält, »die weiblichen Steine sind es nicht.« Er zieht einen Magneten unter seinem Poncho hervor, der auf dem runden Stein anhaftet.

»Komm, setz dich, ich reinige die Steine für dich.« Er greift von der anderen Seite in das Regal und öffnet eine gelbe Flasche mit Agua de Florida, einer alkoholischen Reinigungstinktur, die nach Zitrone, Orange und Zimt duftet. Er nimmt einen großen Schluck und prustet die Tinktur in einem breiten Strahl auf meine Meteoriten.

»Panachay, gib mir mal deine Hand«, sagt er dann zu mir und ich reiche ihm meine offene Handfläche. Er reibt seine Hände mit Agua de Florida ein, um sie energetisch zu reinigen, und kreist dann mit einer Hand unterhalb meiner Hand, mit der anderen auf meinem Handteller. Dann positioniert er seine Hände in einem leichten Abstand zu meiner Hand und wird ganz still. Er schließt seine Augen und fühlt meine Aura.

»Du hast zwei Bestimmungen«, sagt er, »zwei Ziele in deinem Leben.«

Was mag das sein?, überlege ich. Werde ich doch noch eine berühmte Musikerin? Und dann noch Schamanin. Ja, das könnte es sein, was er meint.

Und dann sagt er etwas wirklich Wichtiges: »Dein Energiefeld hat nicht genug Kraft. Du musst häufiger in die Natur gehen. Dich aufladen. Dann wirst du stärker. Du brauchst diese Kraft, um deinen Weg zu gehen. Sonst kommst du nicht weit.«

Ich bin kaum in der Natur, denke ich, ich wohne in der Stadt und habe schon Probleme, meinen Vorgarten vernünftig zu bepflanzen. Ich bin oft im Probenraum und auf Tour und arbeite häufig nachts. Meine Haut ist blass, ich fühle mich schwach und habe oft Schmerzen. Ich bin Veranstaltungstechnikerin und Musikerin. Meine Klamotten wechseln zwischen Zimmermannshose und Bühnenoutfit, und ich kann mit sämtlichen Werkzeugen umgehen. Aber ich bin nicht grob. Mein Gesicht und meine Hände sind fein und filigran, und ich habe ein sehr sensitives Wesen. Doch das fühle ich noch nicht. Mit meinem starken Auftreten liefere ich den Menschen um mich herum immer eine gute Show. Meine zahlreichen Talente und Fähigkeiten machen es schwer, nicht aufzufallen. Aber all das zusammen ist viel zu laut, viel zu groß, und ich habe keinen inneren Haltepunkt, keinen Anker. Ich stürze einfach von einer Rolle in

die nächste, und das permanent und in einem Affentempo. Wie ein Planet mit vielen Trabanten, der alles in seiner Umlaufbahn hält, aber keinen magnetischen Kern besitzt. Mein natürliches sensitives Wesen kann sich nicht entfalten und gedeihen. Es wird nur chaotisch herumgeschleudert. Mein Kern ist einfach nicht stark genug. Ich brauche die Ordnung und die Heilkraft der Natur!
In jenem Moment denke ich nur an den Bürgerpark in Bremen, und dass ich dort öfter spazieren gehen könnte. Aber das, was mir dieser Ladenbesitzer sagt, sollte in den darauffolgenden Jahren eine völlig andere Dimension annehmen. Mehr in der Natur sein – mehr *mit* der Natur sein. *Selbst* Natur sein.
Ich ging nach Peru, weil ich gerufen wurde und weil ich Heilung suchte. Was auch immer es ist – wir alle suchen etwas. Unsere Welt ist voll von Suchenden. Das, was wir suchen, ähnelt sich, und dennoch sind unsere Wege so unterschiedlich. Wir suchen Abenteuer, Liebe, berufliche Erfüllung und seelische Entfaltung – unseren ganz eigenen Weg. Ja, wir suchen uns selbst und geben keine Ruhe, bis wir uns auch wirklich und wahrhaftig wahrnehmen. Einige suchen in der Ferne, lassen alles hinter sich und brechen in ihr großes Abenteuer auf. Andere suchen in verschiedenen Jobs, diversen Kursen und unendlichem Aktionismus. Dann sind da jene, die draußen suchen, in der Natur, die wandern, zelten, Biwaks bauen. Und es gibt die Mütter und Väter, die gerade nicht mehr suchen oder zumindest für ein paar Jahre pausieren, weil das Wunder der Geburt sie an ein Stückchen Wahrheit geführt hat. Wieder andere suchen sich über Heilung, so wie ich. Auch die Dinge, von denen wir glauben, dass wir sie für unsere Suche brauchen, unterscheiden sich –, mehr Geld, mehr Reisen, mehr Freizeit, eine andere Arbeit, einen Partner, ein Kind, ein Haus oder einen VW-Bus –, ja, der bringt meine Freiheit!
Ein tägliches Spiel aus Sehnsüchten und Projektionen, die wir in unsere Umlaufbahn werfen oder mit denen wir versuchen, unseren schwachen Kern zu stärken. Dabei liegt das, was wir suchen, genau in diesem Kern. Ganz still und ganz ruhig wartet er darauf, dass wir endlich anhalten, ihn stärken und spüren. Dieser Kern ist dein Wesen, das immer da ist. Es ist in deinem Puls, der in der

Bewegung der Erdplatten seinen Rhythmus findet. Es ist in deinem Körper, der die Wärme der Sonne verkörpert. Es ist in deinem Atem, den du mit den Bäumen teilst. Und es ist in deinen Augen, wenn dein Blick dich mit der Natur verbindet. Dein Wesen ist das Geheimnis, das dich, mich und alle Menschen zu einem Kind des Kosmos werden lässt.
Ich bin diesem Geheimnis auf der Spur, und ich koste davon – immer wieder und immer mehr. Die Heiler aus Peru nennen es das Erwachen deines Lichtsamens. Du trägst deinen Lichtsamen in deinem Herzen, und wenn er aufgeht und wie eine Sonne zu leuchten beginnt, wird er zu einer mächtigen Brücke zwischen der Erde und den Sternen. In dieser Verbundenheit liegt das Mysterium deiner Existenz und die Antwort auf die Frage, wer du bist und was du mit Mutter Erde, die in Peru *Pachamama* genannt wird, zu tun hast.
Ich habe gelernt, meinen Lichtsamen zu wässern, zu nähren und vorsichtig die Erde zu bereiten, in der er liegt. Meine Verbindung zu Pachamama wird mit jedem Tag stärker und liebevoller. Und sie ist es, die mir meine wahre innere Natur langsam offenbart. Ich sehe und höre Dinge, die an anderen vorbeirauschen, als ob sie sich auf einer parallelen geheimen Straße bewegen. Ich gehe wie jeder andere durch den Alltag. Aber auf dieser anderen Spur. Sie ist intensiver, lebendiger und ich habe gelernt, zu Pachamama und vor allem zu mir eine Beziehung aufzubauen und zu pflegen.

All das haben mir die *Paqos* beigebracht, die Heiler und Schamanen in Peru. Sie haben dieses kosmische Wissen über viele Generationen weitergegeben und lebendig gehalten. Die Paqos gehören der Quechua sprechenden indigenen Bevölkerung Perus an und stammen zum größten Teil aus einer Region, die *Q'ero* heißt. Diese Region wurde von verschiedenen Anthropologen in den 1950er-Jahren wiederentdeckt. Mehrere benachbarte Dörfer in nahe beieinanderliegenden Hochtälern bilden die Q'ero-Nationen. Die Siedlungen, Weideländer und

Felder der Q'ero sind auf verschiedenen zwischen 1800 und knapp 5000 Meter hohen Plateaus verteilt und befinden sich in der Nähe der Provinz Cuzco im mittleren Süden Perus.

Wenig berührt von den spanischen Eroberern, führten die Q'ero ihr einfaches, traditionelles Leben und folgten ihrer naturverbundenen Kosmologie. Seit den 1960er-Jahren wurde einzelnen Anthropologen, die dort ankamen, ein Zugang zu diesen Lehren ermöglicht. Sie halfen den Q'ero zunächst auch dabei, sich aus dem Hacendado-System zu befreien. Wie der Rest der Landbevölkerung mussten die Q'ero einen Großteil ihres Landes abgeben und ihre Arbeitskraft in den Dienst eines Großgrundbesitzers stellen und lebten selbst in großer Armut. Trotz dieser schwierigen Zeiten oder gerade deswegen folgten die Q'ero weiterhin ihrer überlieferten, naturverbundenen Kosmologie. So haben auch die Paqos, die Heiler, Priester und Weisen der Q'ero, ihre lebendige Beziehung zum Kosmos bewahrt. Sie sind direkte Inka-Nachfahren, doch ihre Kosmologie und ihr heiliges Wissen sind sehr viel älter als die Inka-Kultur. Es reicht Jahrtausende zurück, bis in eine Zeit, in welcher der Mond die Sonne des Planeten war, erzählen die Legenden. Das ist eine Epoche, die wir in keinem Geschichtsbuch der Welt finden.

Heute leben bereits einige der Paqos aus Q'ero in den Städten nahe bei Cuzco und arbeiten hauptberuflich als Bauern. Ihre Heilertätigkeit üben sie zusätzlich aus. Viele von ihnen, meist die Männer, reisen um die Welt. Die weiblichen Paqos bleiben häufig in Peru, um ihren familiären Pflichten nachzukommen. Dieser naturverbundene spirituelle Pfad der Anden bekommt immer mehr Bedeutung und wird immer bekannter. In allen Ländern sind die Paqos aus Q'ero unterwegs und teilen ihr Wissen, welches so dringend benötigt wird. Sie beobachten uns und sehen, woran es uns mangelt: Wir haben keine Verbindung zu Pachamama – und somit keine Liebe für sie. Und wenn wir sie nicht lieben, wie sollen wir dann lieben, was wir selbst im Inneren sind?

Die Zeit ist reif, das von den Paqos zu lernen, was wir überall auf der Welt so dringend benötigen – ein Leben in harmonischer Wechselwirkung mit der Natur und dem Kosmos.

Die Paqos sprechen von sich als *Pampa Mesayok*, als *Sirvientes de la Pachamama*, als »Diener von Pachamama«. Wir würden vielleicht eher »Erdenhüter« dazu sagen, obwohl die Bezeichnung »Hüter« einen ganz anderen Fokus setzt als »Diener«. So ist die Beziehung zu Pachamama immer gegenseitig: Nicht nur wir profitieren von ihren vitalen Energien, sondern auch sie benötigt unsere bewussten Handlungen.
So sagte einer meiner ersten Lehrer zu mir: »Wenn die Natur dich ruft, dann musst du antworten, so, wie sie dir antwortet, wenn du sie für deine Heilung rufst!«

Ich habe mich mit Mitte zwanzig auf meinen Ruf eingelassen. Ich musste. Ich hatte keine andere Wahl. Seit meiner Teenagerzeit war ich chronische Schmerz- und Migränepatientin, austherapiert und mit Aussicht auf eine Dauermedikation. Das war eine ziemlich schwere Zeit, besonders, als ich durch meinen körperlichen Zustand und einen Unfall meinen Beruf als Tontechnikerin aufgeben musste. Ich arbeitete mich durch Qigong, autogenes Training, dynamische Meditation, Akupunktur und sämtliche Arzneimittelprüfungen der Homöopathie. Dann kam ein mächtiger Wendepunkt. Als ich mit meinem Mann in einem Kroatienurlaub auf einer kleinen Insel zeltete, erwischte uns die September-Bora, ein sehr starker Orkan, der unser Auto auf der windigen Landzunge fast zum Kippen brachte und die Zeltstangen zu zerbrechen drohte. Ich konnte nicht schlafen in dieser Nacht. Der Sturm tobte nicht nur um uns herum, sondern auch in mir. Er wühlte Verborgenes auf und er legte Kanäle frei – ich hatte eine Vision.
Mir erschienen meine verstorbenen Großmütter. Die Orte und Dimensionen schienen zu verschmelzen. Ich befand mich im Zelt und auch draußen im umtosten Olivenhain. Mein Geist und mein Körper befanden sich an unterschiedlichen Orten. Meine Ahnen standen vor mir – alle drei: meine beiden Omas und Oma Ticktack, meine Ur-Oma. Oma Ticktack war mir schon einmal erschienen,

als ich sechs Jahre alt war, daher kannte ich diese Art von mystischer Situation bereits. Da waren sie nun. Hell und schön sahen sie aus. Im Auge des Sturms war es ganz still um uns herum. Sie sprachen ohne Worte, und sie hatten eine wichtige Frage an mich: »Willst du sehen?«

»Ja«, sagte ich, verwundert über meine klare und sichere Antwort.

»Willst du sehen?«, fragten sie erneut.

»Ja«, wiederholte ich.

Und noch einmal: »Willst du sehen?«

»Ja.«

Mit jeder Frage und jeder Antwort erschienen mehr Lichtmenschen um sie herum. Sie tauchten auf und standen da, direkt vor mir, hinter meinen Ahnen. Es war ein ganzer Chor oder eine Art Vereinigung. Alle in Weiß. Es war ein gigantischer Moment, und ich wusste, dass etwas Tiefgreifendes geschehen war. Dann schlief ich ein.

Am nächsten Morgen hatte sich der Sturm etwas beruhigt, zeigte uns aber immer noch seine Kraft. Wir wechselten den Zeltplatz, und ich erlebte an diesem Tag noch einige seltsame Situationen, in denen sich Vergangenheit und Gegenwart in Bildern mischten. Mir wurde schnell klar, was meine Ahnen mir angeboten hatten und worum es nun ging. Einen Tag vor dem Urlaub hatte ich spontan ein Buch über die schamanische Andentradition gekauft. Einfach wegen des schönen Covers. Ich hatte keine Ahnung, dass es darin um Schamanen ging. Am Tag nach dem Sturm wusste ich instinktiv, dass ich schleunigst mit dieser Tradition in Berührung kommen sollte. Drei Wochen später saß ich in Hamburg bei einem Vortrag des Buchautors, konnte plötzlich Auren sehen und weinte unaufhörlich, weil ich spürte, dass ich endlich nach Hause kommen würde. Lauter und deutlicher hätte dieser Ruf nicht sein können. Ich folgte meinem Impuls, plünderte mein Sparbuch, auf dem sich das Erbe meiner Omas befand, und machte mich auf eine lange Selbstheilungsreise.

Ich lernte bei namhaften internationalen Lehrern, die diese Tradition vermittelten. Dafür reiste ich oft und weit – nach Peru, in die USA, nach Holland,

Griechenland und Skandinavien. Während dieser Reisezeit traf ich bereits verschiedene Paqos aus Q'ero und fand schließlich über eine Organisatorin in den Niederlanden meinen direkten Weg zu ihnen.

Man könnte denken, dass meine Vision in jener Sturmnacht meine Initiation in die Tradition der Paqos war. Aber vielleicht ist alles viel mehr orchestriert, als wir meinen. Die Paqos sagen, dass wir mit zwei Büchern geboren werden. Einem goldenen Buch, das schon geschrieben ist, und einem silbernen Buch – das schreiben wir selbst. So begann mein goldenes Buch, mich zu lenken, als ich als Kind sprechen lernte. Nach »Mama« und »Papa« brachte mein Vater mir das Wort »Titicacasee« bei. Ich habe heute noch Tonaufnahmen davon, und unsere beiden Seelen wissen wohl, warum er dies tat. Dieser große See an der Grenze zwischen Peru und Bolivien gilt als Wiege der Inka. Dort wurde die Stadt Cuzco als Zentrum des Inkareiches prophezeit, und als Cuzco gegründet wurde, breitete sich das große und legendäre Inka-Imperium aus. In Prä-Inka-Zeiten soll es in unterirdischen Tempeln am Grunde des Sees einen Orden des Lichtes gegeben haben.

Ich bin keine Pionierin auf dem Gebiet der Erforschung der Andentradition. Fantastische Anthropologen und erste Botschafter dieser Kosmologie haben mir den Weg zu den Paqos bereitet. Ich habe mittlerweile verschiedene zertifizierte Abschlüsse in der Energiemedizin der Anden und bin sogar von den Paqos anerkannte Pampa Mesayok und Mesa-Trägerin. Als Pampa Mesayok arbeite und lebe ich in Kooperation mit der Natur, schenke ihr Gebete und Gaben und kanalisiere ihre Kräfte zu meinem Wohl und zum Wohl der anderen. Jede und jeder Pampa Mesayok hat eine Mesa, ein Bündel aus Medizinsteinen, das dafür verwendet wird. Titel und Zertifikate gehören in ein westliches Denkschema, dessen bin ich mir bewusst. Ich bin keine Q'ero und auch keine traditionelle Paqo. Ich habe lediglich die Tür zu einem sehr großen Kosmos aufgestoßen, in dem ich noch viel lernen und erfahren kann. Aber die Integration dieses Wissens in unsere Gesellschaft ist das, worauf es ankommt und wonach wir so sehr hungern. Mittlerweile gebe ich mein Wissen und meine persönlichen Erkenntnisse in Seminaren und Vorträgen weiter und lerne weiterhin direkt von den Paqos. Als Körpertherapeutin habe ich über mehrere Jahre die andinen Heiltechniken mit verschiedenen Massagepraktiken kombiniert und viele Zeremonien geleitet. Ich fahre immer wieder nach Peru, um meinen Kontakt zu den Paqos zu pflegen, weiter von ihnen zu lernen und mich von Pachamama-Peru direkt berühren und nähren zu lassen.

So erlebe ich sowohl die Welt der Paqos als auch meine Welt daheim. Inzwischen sind zehn Jahre vergangen, ich habe mich auskuriert, verwandelt, ich habe viel gelernt und kann liebevoll auf meinen Weg zurückblicken. Ich sehe nicht nur mich strahlen, sondern auch viele Menschen um mich herum. Doch ich sehe auch viele Menschen, die verzweifeln, sich nicht finden. Und ich sehe Mutter Erde, die trotz aller Umweltverschmutzung so viel Liebe aufbringt und uns Menschen eine weitere Chance gibt, die jetzt nötigen Erkenntnisschritte zu lernen.

Ich sehe Lichtsamen, die sich öffnen, wie bei den jungen Menschen der Fridays-for-Future-Bewegung. Ich sehe eine grüne Revolution mit vielen Umwelt-Speakern in den Startlöchern und junge Menschen, die bereits mit einer Verbindung zu Pachamama geboren werden, aber auch junge Menschen, die im Sog der Bildschirme aus ihren Körpern verschwinden. Sie müssten dringend in die Natur, so, wie der Ladenbesitzer in Pisaq mir geraten hatte. Die Paqos sagen, dass die Natur ihre Balance verliert und infolgedessen die Menschen ebenfalls ihre Balance verlieren. Mensch und Natur sind verwoben und bedingen sich gegenseitig. Der geheime Zugang zu unserer wahren Natur führt über die Natur, über Pachamama. Jetzt, in dieser umweltzerstörenden Zeit, haben wir die Möglichkeit, uns selbst wiederzufinden und zu entdecken, dass wir in einer absoluten Interdependenz, einer wechselseitigen Abhängigkeit mit der Natur leben. Die Paqos wissen um diese Wechselwirkung und das darin enthaltene

Potenzial der Selbsterkenntnis und Gesundung. Sie nennen die Zeit, in der sich die Menschheit gerade befindet, das *Taripay Pacha*. Es ist die Zeit, in der wir uns selbst wiederbegegnen – unserer inneren wahren Natur.

Es scheint genau der richtige Zeitpunkt zu sein, um mit Unterstützung der Paqos diese letzte Chance für nötige Veränderungen zu nutzen. Aber wie viel Zeit haben wir noch, um einen anderen Umgang mit Mutter Erde einzuleiten? Die Andenschamanen sind jetzt an unserer Seite, damit wir von ihnen lernen. Hoch oben in den Bergen gibt es nur noch wenige Älteste. Sie kommen aber nicht herunter, sie verlassen ihre Welt nicht, erzählt mir der Paqo Don Mariano. Er selbst zählt sich mit seinen fast achtzig Jahren zu einer Generation, in der sich noch einige Paqos mit ihrem Wissen weltweit um die Menschheit und um Pachamamas Zukunft bemühen. Die jüngeren Generationen wandern in die Städte oder in die stadtnahen Dörfer ab. Das Landleben und der Ackerbau sind mühsam, und es locken die Städte mit ihrer wachsenden Wirtschaft und den westlichen Annehmlichkeiten. Die jungen Leute möchten zur Schule gehen, eine Berufsausbildung machen, die Möglichkeiten einer akademischen Laufbahn bekommen und richtige Berufe haben, erzählt mir Don Sebastian, der mich schon seit Jahren begleitet. Er wünscht sich für sie, dass sie beides haben – ein modernes Leben mit der Verbindung zu Pachamama.
Somit befinden sich auch die Paqos und das kosmische Wissen in einem Wandel, in einem sogenannten *Pachakuteq (Pachakuti)*, einer Transformation der Welt. Einige Paqos reisen, wie Don Mariano betont, mittlerweile rund um den Globus, um ihr Wissen zu teilen. Es gibt spirituelle Schulen, die dieses Wissen in den westlichen Ländern weitervermitteln. Einige der jüngeren Paqos sprechen Spanisch und sogar etwas Englisch und verfügen über einen Facebook-Account, während die älteren Paqos ausschließlich Quechua sprechen und weder lesen noch schreiben können.

Das Wissen verbreitet sich jetzt, und diejenigen, die in dieser Zeit von den Paqos lernen, werden die Hüter von morgen sein.

Die Welt der Paqos, besonders der älteren Weisen aus Q'ero, ist eine ganz andere als die meine. Ich bin in einer Kultur groß geworden, die schon lange nicht mehr mit der Erde spricht, sondern sie plündert und die kosmischen Gesetze vergessen hat. Uns trennen nicht nur zwei bis drei Generationen, sondern wir blicken auch aus unterschiedlichen Perspektiven auf die Kosmologie der Anden. Alles, was ich von den Paqos gelernt habe, hat mir geholfen, mich zu heilen, mich zu spüren, meine verstreute Seele wieder einzusammeln. Es hat mich die Sprache und Liebe der Natur und meiner wahren Natur gelehrt.
Meine ganz persönlichen Erfahrungen in den vielen Zeremonien und Initiationen hoch oben in den Anden und in Europa haben mich mit Natur gefüllt und den Lichtsamen in meinem Herzen gewässert, genährt und freigelegt. Sie haben mir meine Wechselwirkung mit der Natur, der Erde und dem Kosmos verdeutlicht.
Mir war diese Verbindung und Abhängigkeit nicht klar. Und auch nicht das Potenzial, das darin liegt. Es gab nur diese Lücke zwischen mir und der Natur, die automatisch zu einer Missachtung des Lebens, meiner Selbst und der Erde geführt hatte. Ich bin der tiefen Überzeugung, dass diese Wunde in allen Menschen blutet, die versuchen, ihre Seele über Konsum, Annehmlichkeiten, Entertainment und einer ewigen Suche zu fühlen. Und ich sehe diese Wunde nicht nur im Umgang mit der inneren, sondern auch mit der äußeren Natur.
In dem heiligen Wissen der Andentradition sehe ich einen wichtigen Schlüssel für einen Evolutionsschritt der Menschheit hin zur Natur. Für unsere Gesellschaft gibt es kein Zurück in alte bäuerliche Strukturen. Es gibt nur die Betrachtung all dessen, was war, und den daraus resultierenden Lern- und Heilungsschritt. Wir werden neue Lösungen und Ansätze finden. Die Wahr-

scheinlichkeit, dass Kriege einfach aufhören, weil es Wichtigeres zu tun gibt, wie den Anbau gesunder Nahrungsmittel für alle Menschen und die Aufbereitung sauberen Wassers, ist genauso groß wie die Möglichkeit, dass die Ressourcen-Knappheit noch mehr Kriege auslöst. Welche Möglichkeit wir wahrscheinlicher werden lassen, hängt von unseren Herzen ab. Wir besitzen alle Technologien und Erfindungen, die wir brauchen, um die Herausforderungen der Welt anders anzugehen. Es mangelt aber an der Liebe und an der Selbstliebe, diese auch zu nutzen. Don Hernan Quillahuaman Quispe, einer der jüngeren Paqos aus Chinchero, einer Gemeinde in der Nähe von Cuzco, sagte mir einmal, dass es uns an *Munay* fehlt. Das ist die bedingungslose Liebe zur Natur und unserer inneren wahren Natur – die Liebe zu uns selbst. Es besteht kein Unterschied zwischen der Selbstliebe und der Liebe zur Natur. Im Kern ist beides das Gleiche.

So sehe ich die Verbindung zwischen dieser Fähigkeit und den Möglichkeiten unserer Zukunft. Von all unseren Umweltproblemen wissen die Paqos nur wenig. Sie wissen von Kriegen und von Bomben, von Gewalt in den Familien, von Saatgutmissbrauch im eigenen Land und von verkauftem heiligen Land. Sie sehen den Wetterwandel und erzählen von Hagel in Monaten, in denen es diesen nicht geben sollte. Aber sie kennen meine Welt nicht in allen Einzelheiten. Sie singen von den Wildgänsen, die oben in den Gletscherlagunen brüten und die Botschaft der Berge bringen. Sie erzählen von den Heilungen der Natur und in ihren Augen spiegelt sich das Licht der Sterne. Sie beten innig mit der Erde und nehmen jeden, der sie aufsucht, mit in diesen Kreis. Sie leben einfach und wissen, wie man inneren Frieden findet und sich durch die Zeit vor und zurück bewegen kann. In ihren fremden Worten klingt ein Lied, das meine Seele kennt. Und sie rufen sie langsam und liebevoll in meinen Körper zurück. Ja, das war es, was ich gesucht habe. Und nur deshalb kann ich zwischen all den schlimmen Dingen in meiner Welt das Leuchten eines Flusses sehen, auch wenn er verdreckt ist, ich kann den wundervollen Gesang der Pflanzen und das Gemurmel der Steine hören. Ich kann die Segnung des Windes empfangen, egal, welche

Partikel er verteilt, und ich spüre die unendliche Kraft und Macht der Erde, die alles in einem Augenblick verändern könnte – ja, die alles vernichten könnte und uns stattdessen Heilung schenkt. Und ich spüre vor allem die bedingungslose Liebe der Natur, diese Heilung immer wieder zu wählen und niemals abzulehnen. So erlebe ich Pachamama, Tag für Tag.
Dank der Paqos lebe ich mittlerweile in einer Welt, in der nicht mehr nur absolute Trennung existiert, sondern auch allumfassende Verbundenheit. Die Tatsache, dass ich andere Dinge sehe und erlebe als die Paqos in Q'ero, stellt das, was ich von ihnen lerne, in einen neuen Kontext. Diese neue Interpretation ist keine Verfälschung eines ursprünglichen Wissens, sondern der unvermeidliche Schritt einer Evolution.

Die Kosmologie, die ich hier vorstelle, und die kraftvollen Übungen, die du als Audio-Download zu diesem Buch bekommst – all dies habe ich von den Paqos gelernt. Ich versuche, das Wissen und die Übungen mit größtem Respekt so authentisch und so genau wie möglich wiederzugeben. Die Bedeutung aber, welche dieses Wissen für mein und dein Leben in dieser Gesellschaft und Kultur hat, kann nur aus unseren Herzen kommen. Es ist das Licht, das die Andentradition in uns entfacht.
Wir sind die neue Generation von Mutter Erde!
Ich hoffe, dass dieses Buch dir dabei hilft, dich mit Pachamama bekannt zu machen, eure Beziehung zu verstehen und deine wahre Natur zu stärken. Trau dich, spüre hinein und entdecke die Segnungen, die in dieser Verbindung liegen!

DIE KOSMOLOGIE

der Pagos

Die Natur
ist authentisch –
in jedem
Augenblick.

DON MARIANO
und Don Sebastian

In der Kosmologie der Anden liegt so viel Weisheit, besonders, wenn sie direkt durch die einfachen Worte der Paqos vermittelt wird. Deshalb war es mir ein Anliegen, sie in diesem Kapitel selbst zu Wort kommen zu lassen, um die liebevolle Botschaft weit in die Welt hinauszusenden. In Peru gibt es sowohl männliche als auch weibliche Paqos. Oft arbeiten sie in heiligen Paaren, jedoch sind es eher die Männer, die um die Welt reisen und ihr Wissen teilen.
Ich hatte das Glück, zwei ältere Paqos, die mich schon seit Jahren begleiten, für dieses Buchprojekt zu gewinnen. Ich durfte ihnen einige Fragen stellen, sie zitieren und konnte ihre persönliche Sichtweise hier einfließen lassen.

Don Mariano Quispe Flores

Don Mariano Quispe Flores ist siebenundsiebzig oder achtzig Jahre alt. Sein genaues Alter kennt er nicht. Seine Geburtsurkunde wurde nachträglich ausgestellt. Don Mariano ist ein Pampa Mesayok und ein anerkannter *Kuraq Akulleq*. Das bedeutet, dass er sowohl ein Diener Pachamamas ist und für sie Gebete durchführt, als auch ein von seiner Dorfgemeinschaft in Q'ero anerkannter älterer Weiser und hochrangiger Heiler. Die Paqos arbeiten nicht hauptberuflich als Heiler und werden von der Gemeinschaft versorgt, wie wir es aus Indianerfilmen kennen. Sie sind in erster Linie Bauern oder Verkäufer. Das Lernen und die Heilarbeit finden zusätzlich statt.

Die hohen Titel bedeuten Don Mariano nichts, erzählt er. Er verstehe sich als ein Kind von Pachamama. Er ist Meister der Pulsdiagnose und der *Despachos* (Gabenbündel), und wenn er in seine Heilarbeit eintaucht, dann tut er dies mit einer Gelassenheit und Leichtigkeit, als würden die Sterne direkt in ihm wohnen. Niemals strengt er sich an, um Energien aus dem Kosmos zu kanalisieren. Am heiligen Berg Wamanlipa bekam Don Mariano viele Initiationen und Einweihungen und sammelte Medizinsteine, die ihm der Berg angeboten hat. Mit dreißig Jahren begann er, mit Pachamama Kontakt aufzunehmen und mit ihr eine Verbindung einzugehen. Zuvor hatte er bei anderen Paqos assistiert, aber mit dreißig fing er an, mit der Erde zu arbeiten, ihr zuzuhören, ihr Gaben zu widmen und sie zu segnen. »Ich wurde von meinen Ahnen unterrichtet und trainiert – von einigen großen Meistern und Vorfahren, die meine Verwandten waren. Sie haben mich alles über Pachamama gelehrt – wie ich ihr geben soll. Und sie haben mich auch zu besonderen Orten geführt. Pachamama hat Orte, wo das Leben geboren wird. Diese Plätze heißen Pukyus oder Paqarinas (beides bedeutet »Quellen«), dort, wo das Wasser anfängt. Wir sind also immer dorthin gegangen und haben Gaben mit unterschiedlichen Elementen dargebracht. Die haben wir Pachamama gegeben«, erinnert sich Don Mariano.

Er verbrachte auch längere Zeiten draußen in der Natur. Und es war sehr hart, den Elementen ausgesetzt zu sein. »Wer bin ich im Regen, im Schnee und im Hagel?«, fragte er sich und wusste, es war für die Sache – diese Tradition mit

Brüdern und Schwestern zu teilen. Don Mariano ist ein gefragter Heiler, und er bekommt aus der ganzen Welt viele Einladungen und Anfragen. Wenn er rund um die Welt reist und die Orte in ihm Bilder hervorrufen, erinnert er sich an andere Leben.

Don Sebastian Succle Apaza ist vier Jahre jünger als Don Mariano, also entweder dreiundsiebzig oder sechsundsiebzig. So haben die beiden sich ihr Alter gemerkt. Er ist ebenfalls ein sehr kraftvoller Pampa Mesayok. Er wurde im Alter von acht Jahren in den Bergen vom Blitz getroffen, was eine besondere Sensitivität in ihm erweckte, mit der er Energien von Pachamama wahrnehmen kann. Diese Art der Einweihung ist nicht unüblich in der Andentradition. Meist durchlaufen die Initianten entweder eine Krankheit oder sie bekommen

Don Sebastian Succle Apaza

eine direkte Einweihung durch die Natur wie einen Schlangenbiss oder einen Blitzschlag, oder das Wissen wird durch die Familie weitergegeben. Die Legenden erzählen, der erste Blitz töte, der zweite verleihe die Gabe und der dritte erwecke dich wieder zum Leben. Als Don Sebastian wieder aufwachte, lagen drei Steine neben ihm – ein schwarzer Stein und zwei weiße Kristalle. Er nahm den schwarzen Stein mit und zeigte ihn seinem Vater. Dieser sagte, dass dies ein Geschenk der Natur sei und er nun als Paqo initiiert werden müsse. Don Sebastian durchlief über die Jahre hinweg viele Initiationen und sammelte an all den Initiationsorten Steine – an Flüssen, an Quellen und in den Bergen. Die Kraft dieser Steine wurde mit vielen Übungen und Meditationen erweckt, und sie sind nun Teil seiner Mesa (Medizinbündel aus Steinen), seines Altars. Don Sebastian hat nach seinem achten Lebensjahr begonnen, die Cocablätter zu lesen, und er ist ein wahrer Meister im Weissagen und im Legen von Möglichkeiten und Lebenswegen. Mama Coca, wie die Paqos den Spirit der Cocablätter nennen, ist eine sehr starke und heilsame Kraft für Don Sebastian.

KAWSAY – alles ist lebendige Energie

»Llapan Kawsay Pacha!« – »Alles ist lebendige Energie«, sagen die Paqos. Dieser einfache Satz mag zunächst oberflächlich erscheinen, weil wir ihn schon in unzähligen spirituellen Büchern gelesen und gehört haben. Doch wer die Andentradition kennenlernt, merkt schnell, dass in ihr diese Wahrheit gelebt wird.

Denn die Anerkennung, dass alles um uns herum lebendig ist, setzt unsere Perspektive auf das Leben merklich in Bewegung.

Die *Kawsay Pacha* ist die Welt der lebendigen Energien. »Kawsay« heißt »Leben«, »Pacha« steht für »Zeit und Raum« und gibt in diesem Zusammenhang die Dimension an, in der alles seine lebendige, energetische Quelle hat.

Im Weltbild der Andentradition ist die Kawsay Pacha, die immaterielle Welt, die Grundlage allen Seins. Kawsay, die Lebensenergie, ist unendlich, sie durchdringt alles und ermöglicht erst jede Form von Materie. Ohne Kawsay gibt es keine Materie.

Wir bewegen uns Tag und Nacht in der Kawsay Pacha und stehen in ständigem Austausch mit ihren Quellen – ja, wir sind ein Teil der Kawsay Pacha. Denn auch unsere Lebensquelle ist Kawsay. Kawsay bedeutet Existenz. Kawsay kann ohne materielle Form existieren, aber nicht umgekehrt. Kawsay bewegt sich und verändert sich permanent. Daher sagt man auch, dass das einzig Beständige der Wandel sei. Alles, was lebendig ist, verändert sich immerfort.

Wir sind Kawsay und befinden uns in einem galaktischen Ozean aus Kawsay. Wahrscheinlich bist du dir dieses permanenten Austausches von Lebensenergie gar nicht bewusst. Und das ist in unserer Gesellschaft auch der Normalzustand. Je mehr du dich aber mit der Andenkosmologie beschäftigst und vor allem praktisch in sie eintauchst, desto mehr wird sich dein alltägliches Bewusstsein verändern.

Die Paqos haben die Fähigkeit, verschiedenste Energien zu kanalisieren und sich selbst oder anderen zur Verfügung zu stellen. Sie haben jahrelang mit den Energiequellen der Kawsay Pacha meditiert und eine enge persönliche Beziehung dazu aufgebaut. Indem sie sich mit bestimmten Energiequellen wie Sternen, Bergen oder den Elementen geistig verbinden, können sie deren Energie mit den Händen, mit Medizinsteinen oder mit dem Atem in das menschliche Energiesystem übertragen. Ich habe erlebt, wie sich Wasser als reine Energie anfühlt, wenn es meinen Körper auflädt, und wie es sich anfühlt, wenn es mich reinigt. Ich habe den Wind und den Mond in meinem Hals gespürt, die Erde in meinem Bauch, die Sterne in meinen Chakras und die Planeten in meinen Knochen und in meinem Blut. Aber vor allem habe ich eine Art Wohlwollen gefühlt. Etwas, das mich wissen lässt, dass diese Energien ein Teil von mir sind und sie sich deshalb nicht fremd anfühlen. Sie sind ein wahres Blessing, ein wahrer Segen, wenn ich sie in mir aufnehme und ich wieder zu Natur werde.

Darum geht es in den Lehren der Andentradition: Erlaube dir zu erfahren, dass du Kawsay, dass du Natur bist! Es ist eine freie Entscheidung. Genau darin liegt der Weg. Du kannst dich dafür entscheiden, die Welt auch in ihrer energetischen Form zu entdecken und einen Austausch mit dir zuzulassen. Oder du entscheidest dich dafür, den Austausch auf das Notwendigste zu beschränken und dies unbewusst geschehen zu lassen. Das ist keine einmalige Entscheidung, nach der in deinem Leben plötzlich alles anders läuft. Nein, du triffst sie jeden Tag und jede Minute aufs Neue: Ich spüre meine wahre Natur!

Obwohl ich seit Jahren diese Tradition praktiziere, kenne ich nur einen kleinen Bruchteil der faszinierenden Welt der Kawsay Pacha. Wenn du beginnst, die Welt der lebendigen Energien mithilfe der Andentradition zu erforschen, dann wird das Leben bunter, es wird magisch, und du kannst über Steine am Straßenrand staunen! Diese Tradition lehrt durch die unmittelbare Erfahrung. Es ist immer eine ganz persönliche Begegnung zwischen dir und der Kawsay Pacha – in jeder Zeremonie und jeder Initiation.

Die Weisheitshüter der Anden haben bis heute eine unglaublich präzise Karte der Kawsay Pacha erhalten. Sie kennen unzählige Quellen von verschiedenen Energien, die für uns Menschen und für diesen Planeten bedeutsam sind, ja, von denen wir sogar abhängig sind. »Oder was meinst du, woher deine ganze Lebensenergie kommt?«, fragte mich Don Sebastian mit hochgezogenen Augenbrauen in unserem Gespräch. Die Paqos und ihre Vorfahren haben herausgefunden, wie uns Berge beeinflussen, wofür die einzelnen Planeten zuständig

sind und welchen Einfluss die Sterne und die verschiedenen Energien der Natur auf uns haben – körperlich, geistig-emotional und seelisch. Sie wissen von Energiequellen, die heilsam sind, und können mit jenen kommunizieren, mit denen wir sowieso permanent über unseren Körper im Austausch stehen, wie der Atemluft. In Meditationen und Gebeten reisen sie durch Zeit und Raum, um sich an Verbindungen zu erinnern und diese zu aktivieren.
Die Kawsay Pacha hat so viele verschiedene Energiequellen und Energiearten, wie es unterschiedliche Dinge und Orte auf der Welt und im Universum gibt. Jeder Aspekt hat eine ganz eigene Frequenz. Du kannst sie nicht direkt als Frequenz wahrnehmen, aber du nimmst etwas als dir bekannt und vertraut oder auch als neu wahr, weil du ein Bauchgefühl dafür entwickelst, in welcher Beziehung du zu einem Ort oder einer Energie stehst. Mir ist so ein Austausch einmal bewusst geworden, als ich in Rotenburg an der Fulda auf einem Kongress einen Despacho-Workshop gegeben habe. Wie immer, wenn ich unterwegs bin, nutzte ich die Gelegenheit und ging in die Stadt, um dem Fluss Fulda ein kleines »Hallo« zu schenken. Ich stand auf der Brücke mit meinem *K'intu* (ein Set aus drei Cocablättern, das für Gebete benutzt wird) und pustete meine ganze Liebe dort hinein. Als ich fühlte, dass ich meine schönste Energie produziert hatte, warf ich die Blätter in den Fluss. Ich sah sie dort schwimmen, und Mama Fulda freute sich sehr darüber. Sie schenkte mir ein freundliches und warmes Gefühl. Und ich spürte, dass mir dieses Gefühl sehr vertraut vorkam. So sehr vertraut, dass ich es mir überhaupt nicht erklären konnte, weil ich das erste Mal an der Fulda war. Und dann fiel es mir ein. Natürlich! Ich bin in Bremen geboren, und mein Geburtsfluss ist die Weser. An der Weser habe ich in meinem Leben so viele Stunden verbracht, dass ich immer ein sehr vertrautes Gefühl habe, wenn ich sie sehe. Die Weser ist aber kein Quellfluss, sondern sie entsteht durch das Zusammenfließen von zwei anderen Flüssen, nämlich der Werra und der Fulda. Und als mir diese Tatsache durch den Kopf schoss, musste ich schmunzeln. Mir wurde bewusst, dass mein Energiefeld und mein Körper sich diese Energien gemerkt hatten. Es ist eine Art Speicherprinzip, das permanent aktiv ist. Eine

wirklich geniale Erfindung der Natur. Dieser Moment war ein unvergessliches Aha-Erlebnis für mich und ein absolut eindeutiges Zeichen dafür, dass meine Wahrnehmung der Kawsay Pacha so langsam erwachte.

Stell dir vor, dein Energiefeld und dein Körper erinnern sich an alle Flüsse und Meere, an denen du jemals gewesen bist. Ja, an alle Orte, die du jemals gespürt und betreten hast. Und dann stell dir vor, dass die Paqos zudem noch Orte kennen, die man physisch gar nicht betreten kann, aber durchaus mit dem Bewusstsein. Und sie können durch ihr inneres Gefühl all diese Energien voneinander unterscheiden und erkennen. So sind sie zum Beispiel in der Lage, anhand von energetischen Diagnosen und Pulsdiagnosen zu erkennen, welche Energien in deinem Körper und System gebraucht werden, wo du gewesen bist und welche Gefühle du durchlebt hast. Diese Fähigkeiten sind überhaupt nicht ungewöhnlich, sie wurden jahrelang trainiert und geübt. Die Paqos sind wahre Meister darin, ihre Kenntnisse der Kawsay Pacha zu erweitern und auszudehnen. Sie sind mit bestimmten Sternenkonstellationen so sehr vertraut wie du und ich mit Supermärkten, Autofahren oder Instagram.

Jeder Mensch ist von Geburt an mit bestimmten Aspekten der Kawsay Pacha verbunden. Dieser Verbindungen sind wir uns meist nicht bewusst. Dazu zählt die Energie der Stadt, in der du geboren wurdest, die Energie von Menschen, die dir nahestehen, die Energie deines Hauses, deines Grundstückes, der Bäume, die dort stehen, und der Tiere, die bei dir leben. Du nimmst diese dir bekannten Energien vielleicht eher subtil wahr. Welches Gefühl hast du, wenn du aus dem Urlaub kommst und durch deine Stadt nach Hause fährst? Wie nimmst du den Geruch in deiner Straße wahr? Wie fühlt sich das Wasser an, das du trinkst und das aus deinem Duschkopf kommt? Wenn du daran zweifelst, dass die Energien wirklich so differenziert sein können, dann spüre doch einmal den Unterschied zwischen dem Schwimmbecken in deinem lokalen Freibad, einem Badesee und dem wilden Atlantik mit seinem Salzwasser. Wasser ist eben nicht gleich Wasser. Die Ozeane an sich unterscheiden sich ebenfalls, so fühlt sich die Nordsee anders an als das Mittelmeer oder gar der Pazifik. Die Erde auf unseren Bremer Äckern riecht anders und fühlt sich anders an als die Erde in Bayern oder in Portugal.

Bestimmt nimmst du diese Unterschiede sehr wohl wahr, wenn du in einem anderen Land unterwegs bist. Aber machst du sie dir auch so richtig bewusst? Ich persönlich habe immer gespürt, dass es mir anders ging, wenn ich vierzehn Tage lang nur Sonne, Wind und den Atlantik um mich herum hatte. Ich fühlte mich oft fast ausgetrocknet, wenn ich in die grünen, saftigen Wiesen in Bremen zurückkehrte. Die Verschiedenheit der Orte wurde mir dann so richtig bewusst.

Die Kawsay Pacha durchdringt alles, was existiert. Vom Gänseblümchen bis zum Jupiter. Vom Meer bis zur Luft, die wir atmen. Wenn alles lebendige Energie ist, dann bedeutet es auch, dass alles um dich herum eine Wahrnehmung, ein Bewusstsein hat, genauso wie du. Warum sollte es einen Unterschied geben zwischen dir und anderen Aspekten der Natur? Viele indigene Traditionen sprechen davon, dass alles beseelt ist. Wir haben eine ganz eigene – begrenzte – Interpretation von Seele und beziehen diese Aussage auf das, was wir in unserer Kultur über die Seele gelernt haben. Wir wissen nicht, wie das Bewusstsein eines Baumes funktioniert oder das eines Berges. In der Kosmologie der Paqos hingegen werden wir als individuelle Energiequelle und Wesen von unserer Umgebung wahrgenommen, so, wie wir die Natur um uns herum wahrnehmen.

In einem Quechua-Lied heißt es:

I walk without shoes in the mountains.
My bare feet touch the mountain.
The mountain takes pleasure in knowing my body.[1]

Ich gehe ohne Schuhe durch die Berge.
Meine nackten Füße berühren den Berg.
Der Berg genießt es, meinen Körper kennenzulernen.

Die Auffassung, dass alles um uns herum Bewusstsein hat, ist unserer Kultur sehr fremd. Wir sprechen über die Natur wie über Dinge. Alles, was wir sehen, wird zum Objekt, zu dem wir uns in eine Relation stellen. Nützlich, nicht nützlich, essbar, giftig, kalt, heiß, nass. Wir betrachten all diese Dinge nur aus unserer Perspektive – aus einer gelernten und kulturell vererbten Sichtweise. Und wir setzen Bewusstsein mit unseren intellektuellen Fähigkeiten gleich. Daher gehen wir auch davon aus, dass es notwendig ist, ein Gehirn oder ein Nervensystem zu besitzen, um bewusst zu sein. Die Idee, dass Steine, Flüsse, Berge, Bäume und Sterne ein Bewusstsein besitzen könnten, scheint uns völlig absurd. In der Andentradition aber geschieht Wahrnehmung über unser Energiefeld. Es gibt verschiedene Wahrnehmungszentren, die energetische Impulse körperlich umsetzen können und mit denen wir die Welt der lebendigen Energien physisch, emotional und logisch erleben – unseren Kopf, das Herz und den Bauch. Lediglich unser Kopfzentrum besitzt die Fähigkeit der Logik. Der Verstand wird deshalb niemals verstehen, was Bewusstsein ist, da er bereits eine Wahrnehmungsmöglichkeit innerhalb unseres Bewusstseins ist.

»Der Intellekt, der versucht, das Bewusstsein zu verstehen, ist wie ein Messer, das versucht, seine eigene Kante zu schneiden. Der Grund ist nicht, dass wir nicht klug genug sind, sondern es ist eher eine Tatsache der logischen Unmöglichkeit. Bewusstsein existiert über alle Konzepte von Bewusstsein hinaus. Konzepte und andere Dinge wie direkte Erfahrungen sind der Inhalt von Bewusstsein, sie sind das, dessen wir uns gewahr sind, nicht der Teil, der wahrnimmt. Bewusstsein existiert über all unsere Konzepte von Zeit und Raum, Materie, Energie und unserem individuellen Selbst (Ego) hinaus.«[2]

Um in die andine Weltsicht einzutauchen, ist es wichtig, sich den Unterschied zwischen Bewusstsein und Verstand immer wieder zu verdeutlichen. Eine Prise liebevoller Humor tut diesem Prozess ganz gut, denn immerhin beginnen wir damit, unsere erlernte und von der Gesellschaft als »normal« bezeichnete Perspektive, mit der wir die Welt betrachten, komplett auf den Kopf zu stellen.

- Alles ist Kawsay – lebendige Energie.
- Kawsay ist reine Lebensenergie und durchdringt alles.
- Kawsay kann ohne Materie existieren, aber Materie kann nur durch Kawsay existieren.
- Kawsay ist Bewusstsein.
- Logik und Verstand sind Erfahrungsdimensionen des Bewusstseins, nicht das Bewusstsein selbst.
- Kawsay wird über unseren Körper für uns physisch erfahrbar gemacht.
- Die Welt um dich herum nimmt dich bewusst wahr, wie du sie auch.
- Erkenne Kawsay an – erkenne an, dass alles lebendig ist!

DU BIST KAWSAY

Vielleicht kannst du dir nun besser vorstellen, was Kawsay als Lebensenergie ist und wie allumfassend präsent sie ist. Was aber ist mit dir? Kannst du dir vorstellen, dass auch du eine einzigartige Energie in dir trägst, die dich von allen anderen unterscheidet und dich trotzdem mit allem verbindet?
Der Gedanke, dass die lebendige Energie nicht nur die Natur durchdringt, sondern auch dich, ist der erste Schritt in die Anerkennung dessen, was du bist!
Erkenne an, dass du Kawsay bist. Du atmest, du hast einen physischen Körper, dein Herz schlägt, du nimmst wahr und du fühlst. Registriere diese Tatsachen jeden Tag, werde dir deiner selbst bewusst. Dann kannst du aufhören, im Autopilot-Modus zu funktionieren!
Wie oft gehst du auf Autopilot durch den Tag? Siehst zwar die Sonne aus deinem Bürofenster, nimmst ihre lebendige, wärmende Energie aber nicht wahr? Du sitzt an deinem Schreibtisch, wirst zu einer Maschine, die einen Computer bedient, und nimmst das Wunder deiner Atmung nicht wahr? Das Wunder deines sitzenden Körpers? Die Anerkennung von Kawsay ist mit einem Prozess der Entschleunigung und Achtsamkeit verbunden. Und sie führt dich zu der Entscheidung, ob du die Lebendigkeit um dich und in dir spüren willst oder nicht. Die Sonne scheint durch dein Fenster – lässt du dieses Blessing, diese Segnung zu oder ziehst du das Rollo runter? Du hast die Wahl. Du kannst für einen kurzen Moment deine Augen schließen und die Sonnenstrahlen fühlen, tief ein- und ausatmen, dieses Blessing von Pachamama annehmen und dann als ein gesegnetes Kind des Kosmos mit einem kleinen Lächeln deine Arbeit fortsetzen.
Als ich das letzte Mal in Cuzco war, der Hauptstadt des heiligen Tals im Süden von Peru, ging ich mit einer jungen Frau aus Hawaii, die ich im Communi-

ty-Hostel kennengelernt hatte, zum San-Pedro-Markt. Dort gibt es mehrere Reihen, in denen nur frisch gepresste Säfte verkauft werden. Mein Lieblingsstand ist der mit der niedlichen Oma, die keinen elektrischen Entsafter hat wie alle anderen. Wir kauften uns jeweils einen Saft und verließen die Markthalle. Draußen schien die kräftige Mittagssonne der Anden, und meine Freundin blieb abrupt stehen. Mit einem Arm hinderte sie mich am Weitergehen, und mit dem anderen hob sie ganz entzückt ihren Becher Orangensaft hoch: »Schau mal, die Sonne! Sie segnet meinen Orangensaft! Gelb und gelb, wie flüssige Sonne! Ich trinke jetzt flüssige Sonne«, sagte sie feierlich. »Jetzt kommt besonders viel Liebe in den Saft!« »Ja, richtig viel Munay«, sagte ich. Ich fühlte mich absolut entspannt, und in mir stiegen eine Ruhe und tiefe Sicherheit auf, dass ich und die Sonne eigentlich immer in heiliger Verbindung stehen.

Ich freute mich und hob ebenfalls meinen leuchtenden Saft der Sonne entgegen. Wir blieben mitten im Marktgetümmel stehen, während sich bunte Röcke und volle Einkaufstüten an uns vorbeischoben. In diesem Moment entschieden wir uns, uns als lebendige Energien wahrzunehmen und das Blessing der Sonne anzunehmen und zu trinken.

Das mag dir jetzt vielleicht wie ein Spiel vorkommen. Irgendwie ist es das auch. Es ist wahr und echt und verspielt zugleich. Die Paqos machen das ständig. Sie segnen ihr Essen und ihre Getränke immer mit der Kraft der Natur, die sie umgibt. Sie halten die Bierflaschen zur Sonne und in den Wind, rufen *Wayra* (den Wind) und *Tayta Inti* (Vater Sonne), pusten in den Flaschenhals, schenken den ersten Tropfen der Erde und genießen dann ihr kühles Getränk. Sie sind sich der Lebendigkeit, die sie umgibt und die sie sind, permanent bewusst.

Ebenso sprechen sie laut mit allem, was sie umgibt. Manchmal sprechen sie ein kleines Gebet vor dem Essen und geben Pachamama einen Teil ab. Wenn sie einen heiligen Ort erreichen, begrüßen sie diesen. Wenn sie beim Vorbeifahren von weitem Flüsse oder Berge sehen, senden sie aus dem Auto einen langen, pfeifenden Atemzug zum Gruß. Ihr Gespräch mit der Natur und jede Anrufung sind immer von einer liebevollen, weichen und beruhigenden Stimme getragen. So, als könnten sie direkt mit der Seele der Natur sprechen. In jedem Wort schwingen Bewusstheit über die Verbindung und große Demut mit. Ebenso sind die Paqos immer mit Pachamama im Dialog. Sie erzählen ihr, wie der Tag war, wofür sie dankbar sind und wobei sie Unterstützung benötigen. Dabei handelt es sich aber nicht um ein reines Fürbitten-Gebet, im Gegenteil, sie sind sich dabei ihrer eigenen wahren Natur und inneren Größe in vollem Umfang bewusst. Es ist ein Dialog auf Augenhöhe, in einer liebevollen und freundschaftlichen Beziehung.

Ich kann dir empfehlen, ebenfalls mit diesem Dialog anzufangen. Vielleicht zunächst nicht unbedingt in der Öffentlichkeit, sondern zu Hause. Der Beginn eines Tages bietet die beste Gelegenheit.

Wie wäre es, wenn du dir morgens fünf Minuten Zeit nimmst, dich hinsetzt, die Hände auf dein Herz legst und einfach atmest? Dann kannst du dir selbst sagen: »Ich spüre meine innere wahre Natur.« So nenne ich meine unendliche Existenz. Wenn dir eine andere Bezeichnung besser gefällt, dann nimm diese. Erkenne deine wahre Natur an! Du bist Kawsay!

Mit dieser Erkenntnis dem Leben zu begegnen, ist der Weg der Wahrheit. Die Paqos sagen dazu *Kawsay puriy*. »Puriy« heißt »gehen« und beschreibt, wie wir unseren Weg auf der Erde gehen. Don Mariano sagte mir dazu ein paar wundervolle Worte: »Kawsay puriy ist der Weg der Wahrheit. Es ist der Weg der Ehrlichkeit. Der Weg, den alle Praktizierenden gehen, von hier nach dort, von dort nach dort und von dort nach hier. Wenn nicht, dann wären wir nicht hier. Genau jetzt sind wir in einem Kawsay puriy, weil wir auf einem ehrlichen Weg sind.«

Deine lebendige Energie Kawsay

- Erkenne deine Existenz an – deinen Atem, deinen physischen Körper –, werde dir deiner selbst bewusst!
- Erlaube dir, die Lebendigkeit in dir zu spüren.
- Erkenne die Lebendigkeit deiner Umgebung.
- Erlaube die Blessings der Natur im Alltag.
- Entschleunige und praktiziere Achtsamkeit.
- Beginne, mit Pachamama zu sprechen.
- Beginne deinen persönlichen Dialog mit deiner inneren wahren Natur.
- Kawsay puriy: Gehe deinen Weg im Bewusstsein deiner Lebendigkeit. Du existierst – das ist die Wahrheit.

PACHAMAMA – die Mutter von Zeit und Raum

Pachamama wird häufig mit »Mutter Erde« übersetzt. Diese Bezeichnung ist für uns leicht verständlich, aber Pachamama umfasst weit mehr als nur den Planeten und seine Natur. Unsere kosmische Mutter Pachamama ist ein Teil der Kawsay Pacha. Pacha heißt »Zeit und Raum« und Mama steht für »Mutter«. Pachamama ist ein eigenes Wesen, eine Seele, sie umfasst alles, was Materie ist. Sie ist ein Bewusstsein, die Essenz all der Wesen, die zu ihr gehören – der Berge, der Flüsse, der Pflanzen, der Tiere, der Elemente und der Ozeane. Während jeder Berg, jeder Fluss, jede Pflanze und jeder Ozean ein eigenes Bewusstsein hat, integriert Pachamama alle Aspekte in ihr Gesamtbewusstsein. Auch wir Menschen haben einen Teil ihrer Essenz in uns. Wir haben einen Körper und sind aus Elementen von Pachamama gemacht. Die Paqos sagen, wenn wir sterben, dann kehrt unser Körper zurück zu Pachamama, unsere Weisheit zurück zu den Bergen und unsere Seele zurück zu den Sternen.

»Pachamama ist mehr als das, was wir wahrnehmen können, mehr als das, was wir sehen können«, sagt Don Mariano. »Sie ist ein überaus kraftvolles Wesen, das die Pflanzen, die Samen, alle Bäume, alle Lagunen und alle Gewässer nährt. Das ist Pachamama.«

Pachamama enthält viele Seins-Ebenen in einer wundervollen und komplexen Vernetzung. Sie besitzt materielle und immaterielle Ebenen. Alles, was in ihr materiell ist, wird durchdrungen von Kawsay. In ihrem Raum gibt es Zeit – zirkulare Zeit und lineare Zeit. Ihre Tag- und Nachtrhythmen sowie die Jahresrhythmen geben uns die physische, lineare Zeit vor, in der wir uns täglich bewegen. In anderen, in immateriellen Dimensionen Pachamamas gibt es diese

Regel nicht mehr und man kann sich frei durch die Zeit vor und zurück bewegen. Dies ist allerdings nur energetisch und geistig möglich. Und wir tun das sogar täglich mit unserem Bewusstsein. Wir reisen gedanklich in die Vergangenheit und in die Zukunft, haben Déjà-vu-Erlebnisse, verändern über nachträgliche Informationen den Blickwinkel auf unsere Vergangenheit und erleben Situationen, die wir schon einmal geträumt haben.

Wenn wir über die Kommunikation mit Pachamama sprechen, dann begeben wir uns in ihren immateriellen Raum – ein rein energetisches Feld mit unzähligen Informationen, Strukturen und einer universellen Ordnung. Im Schamanismus wird häufig von der sichtbaren und der unsichtbaren Welt gesprochen. Die Kawsay Pacha ist in diesem Fall die unsichtbare, immaterielle Welt und Pachamama befindet sich sowohl in der sichtbaren als auch in der unsichtbaren Dimension. Sie besitzt sowohl materielle, filigrane Netzwerke aus Pflanzen, Insekten, Mikroben und Pilzen als auch deren rein energetische Lebenskräfte. Und du bist ein Teil dieses Netzwerkes auf allen Ebenen. Körperlich gliederst du dich in ihren Kreislauf ein, unterliegst den Rhythmen der Gestirne, den Elementen, dem Kreislauf von Ernährung und Ausscheidung und den Gesetzmäßigkeiten von Sterben und Erneuerung.

Vielleicht macht es uns Angst, wenn uns richtig bewusst wird, wie fragil unsere physische Existenz ist. Wir sind von Nahrung, Süßwasser, Luft und der richtigen Temperatur abhängig. Von Tieren, Bäumen, Insekten und einem intakten Bodenleben. Es wundert mich nicht, dass wir Menschen seit Jahrhunderten versuchen, dieser Zerbrechlichkeit entgegenzuwirken, indem wir nach einer sicheren Produktion von Nahrungsmitteln und Gewinnung von Rohstoffen streben. Die Supermarktregale sind voll, aber ist unsere Existenz dadurch gesichert? Nein, im Gegenteil, die Umweltzerstörung, die wir durch diese vermeintliche Sicherheit erreicht haben, gefährdet unsere physische Existenz mehr denn je! Wir haben versucht, mit all den Erfindungen der Industrie und den vielen Produkten Unabhängigkeit von den Launen der Natur zu erreichen. Die Paqos aber wissen, dass Unabhängigkeit eine Illusion ist. Du und ich, wir sind niemals

unabhängig von Umständen, Dingen oder anderen Wesen. Und niemals von Pachamama. Sie ist die Mutter von Zeit und Raum, dem Raum, in dem alles miteinander verbunden ist.
Der einzige Weg ist, die eigene Existenz wieder in die Hände von Pachamama zu legen – ihre Gesetzmäßigkeiten zu lernen, diese zu leben und vor allem wieder das Vertrauen aufzubauen, dass wir in diesem Netzwerk auch sicher sind. Vertrauen ist bekanntlich die beste Basis einer Beziehung. Die älteren Generationen der Paqos und die Bewohner Q'eros wissen darum. Sie kennen ein Leben in Höhen, wo die Kartoffelernten mager ausfallen und die Gesundheit der Alpakaherden vom Wetter und der Gnade der Berge abhängt. Die Subsistenzwirtschaft in den Bergen ist so schwierig, dass ihre Beziehung zu Pachamama und ihr Vertrauen in das Gleichgewicht einen essenziellen Schlüssel für ihr Überleben darstellt.[3] Für uns als städtische Bevölkerung und Nutznießer einer Industrienation ist diese gefühlte Abhängigkeit in weite Ferne gerückt. Aber sie ist nicht verschwunden. Die Gesetze wurden nicht ausgehebelt, sie wurden nur verdeckt.

Deine kosmische Mutter

Pachamama ist ein wundervolles Wesen. Sie ist deine kosmische Mutter, und jede Heilung beginnt mit einer Rückverbindung zu ihr. Sie war dabei, als du geboren wurdest. Sie hat deine ersten Schritte auf ihrer Erde gespürt. Sie hat deine Seele mit jedem Atemzug genährt. Jede deiner Tränen ist in ihre Ozeane geflossen, und jedes Lachen hat ihre Energie zum Vibrieren gebracht. Sie ist Zeuge deiner kompletten Entwicklung. Sie wacht über dich, wenn du schläfst und deinen Körper in ihre nächtlichen Arme übergibst, und sie lässt dich wieder aufwachen. Pachamama schenkt dir jeden Tag Nahrung und Wasser. Don Mariano sagt, dass es Geschenke sind, die uns Pachamama jeden Tag macht, und dass alle vitalen Nahrungsmittel von Pachamama stammen. Er sagt, dass unser physischer Körper und unsere ganze Energie, die wir haben, zu irgendeiner Zeit im Leben in das Innere der Erde geht, zu Pachamama. »Sie wird unseren physischen Körper transformieren und trägt ihn zu einem heiligen Fluss, der in ihr existiert. Diesen heiligen Fluss müssen alle Seelen überqueren, um für ein anderes Leben in die obere Welt, in die himmlische Welt zu gelangen. Unser Körper, unsere Knochen, all das Physische bleibt auf der Erde und verwandelt sich in Staub, Erde und Nahrung für Pachamama.«

In der andinen Kosmologie bekommst du zu deiner Geburt zusätzlich zu deinen leiblichen Eltern »kosmische Eltern« von Pachamama. Sie sind eine Art Paten, übernehmen eine energetische Verbindung zu dir. Vom Tag deiner Geburt an unterstützen sie dich in deinem Leben und begleiten dich bis zu deinem Tod. Du bekommst einen Vater und eine Mutter. Männliche »Paten« können Berge und Hügel sein, manchmal auch Flüsse und heißen dann *Itu Apu*. Weibliche »Paten« sind Seen, Lagunen oder Flüsse und man nennt sie *Paqarina*. Wer deine kosmische Elternschaft übernimmt, hängt von dem Ort ab, an dem du geboren wirst. Häufig wird der nächste Fluss oder Berg dein Pate. Es kann aber auch sein, dass deine kosmischen Eltern weiter entfernt von dir liegen oder du aufgrund deiner geografischen Lage nur einen Fluss bekommst. Die Herangehensweise ist auch hier wieder nicht logischer Natur. In Peru gibt es viele Berge und Lagunen, sodass meist eine Paqarina und ein Itu Apu benannt werden können. In Norddeutschland haben wir hauptsächlich Wasser, und es kann sein, dass zwei Flüsse deine Patenschaft übernehmen. »Die« Elbe wäre beispielsweise weiblich und »der« Neckar männlich. Ich habe zwei Jahre gebraucht, um meine kosmischen Eltern zu bestimmen. Ich habe mir viele Flüsse und Berge in Deutschland angeschaut und mit ihnen meditiert. Meine Paten liegen beide in der Weser, denn sie besteht aus zwei Flüssen, der Werra und der Fulda. Auch das ist möglich. Deine kosmischen Eltern sind von dem Tag deiner Geburt an mit dir energetisch verbunden und unterstützen dich auf deinem Weg. Für die Paqos ist es normal, dass man zu ihnen eine ebenso vertrauensvolle und gute Beziehung pflegt wie zu seinen leiblichen Eltern. Sie bringen ihren kosmischen Eltern regelmäßig Gaben, wie Cocablätter, oder meditieren mit ihnen. Seine kosmischen Eltern kennenzulernen, ist eine wichtige Basis für den Weg eines oder einer Pampa Mesayok. Aber sicher möchte jeder, der erfährt, dass er zwei zusätzliche Eltern hat, diese kennenlernen.

Im Kapitel »Die Verbindung zu deinem Itu Apu und deiner Paqarina« gebe ich dir eine Hilfestellung, wie du deine kosmischen Eltern findest und mit ihnen eine Beziehung aufbaust.

Pachamama weiß einfach alles über dich, weil sie in deinen Zellen lebt, weil dein Energiefeld mit ihrem verwoben ist und weil ihre Berge und Flüsse deine Paten sind. Die Erfahrungen deiner Seele, deine Gefühle und Gedanken fließen automatisch in ihren Raum ein. Sie weiß deshalb mehr über dich als du selbst, und sie bewahrt in ihrem Raum deine unbewussten Anteile, emotionalen Speicherungen und Lernpotenziale – Samen, die noch keimen und die du noch entdecken kannst. Pachamama ist mehr als nur Natur. Sie gibt deiner Seele ein Zuhause und orchestriert mit ihr gemeinsam, wann du welche Wachstumsschritte machst. Laut der Andentradition werden wir mit zwei Büchern geboren: einem goldenen, das schon geschrieben ist, und einem silbernen, das wir selbst schreiben. Pachamama gibt dir die Freiheit, dein goldenes Buch zu entdecken und die Kapitel deines silbernen Buches kreativ zu gestalten. Pachamama ist groß und eine mächtige Heilerin.

»Sie ist eine wundervolle universelle Energie. Sie umsorgt uns, sie beschützt uns und sie gibt uns allen, die wir auf diesem Planeten wohnen, Energie«, erzählt Don Mariano mit sanfter Stimme. Er betont immer wieder, dass unsere gesamte Lebenskraft von Pachamama stammt und unser Energieniveau davon abhängt, ob wir mit ihr in einem Austausch stehen und sie uns immer wieder auflädt oder eben nicht. Sie ist unsere essenzielle Kraftquelle. Wenn wir nicht bewusst mit ihr eine Beziehung eingehen, dann verringert sich unsere Lebenskraft mit der Zeit. Es ist unsere Entscheidung, ob wir einen Weg mit Pachamama wählen oder ob wir »allein« gehen wollen.

Ich habe Pachamama immer als sehr kraft- und liebevoll empfunden. Wenn ich mit ihr meditiere, werde ich ruhig, mein Körper entspannt sich, und ich fühle mich leicht und gesegnet. Ein tiefes Vertrauen, dass alles in Ordnung ist, breitet sich in meinem Körper aus. Pachamama ist in all den Jahren wirklich eine Mutter für mich geworden. Ich liebe ihre Energie und diesen Frieden, den sie aus der Tiefe meiner kompletten Existenz hervorholt. Sie ist ein fester Anker für mich, wenn ich mich in meinem Verstand verliere. Von den Paqos habe ich gelernt, dass du deine eigene innere wahre Natur findest, wenn du beginnst, mit der Natur zu interagieren. Don Mariano sagt, dass du diese Natur mit deiner Seele erreichst, wenn du eine Reziprozität, die *Ayni* (siehe Kapitel »Ayni – die heilige Wechselwirkung«) genannt wird, praktizierst. Diese Wechselwirkung kann sehr einfach aussehen. »Zum Beispiel könntest du der Erde ein paar Tropfen Wein zum Trinken anbieten, Wasser oder auch Bier. Du könntest ihr auch all das anbieten, was du isst«, sagt er. Und die Paqos geben erst der Erde, Pachamama, und dann sich selbst. »Auf diese Art und Weise können wir uns selbst zu dieser Natur bringen und diese Energie fühlen«, so Don Mariano. Wenn er jüngere Generationen unterrichtet, dann erzählt er ihnen immer von Pachamama, und wie sie ihre Beziehung zu ihr erhalten können. Er schlägt ihnen vor, sich dreimal am Tag Zeit zu nehmen und niederzuknien, um Pachamama von ihren eigenen Wünschen und Träumen zu erzählen, damit sie diese manifestieren und erfüllen kann. Das klingt in unseren Ohren vielleicht etwas seltsam, aber ich habe die Paqos niederknien gesehen, wenn sie Heilungen geben und mit Pachamama beten. Besonders erinnere ich mich an eine Einweihung der Sterne. Don Claudio und Don Hernan knieten wie unschuldige Kinder am Rand der Matten, auf denen Kursteilnehmer lagen, um ihre Initiation zu empfangen. Die beiden Paqos platzierten sorgfältig Kristalle auf dem Körper der Personen, danach falteten sie ihre Hände vor dem Herzen und schlossen ihre Augen. Es wurde ganz still im Raum, und eine derartig große Liebe strömte aus ihren Herzen zu den Sternen, dass mir Tränen in den Augen standen. Ich war zutiefst berührt von diesem stillen Gebet und diesem Anblick. Der Raum löste sich auf, und ich sah die beiden auf hohen Berggipfeln knien, vor einem Panorama der funkelnden Milchstraße. Sie wurden in diesem Moment wahrlich zu Kindern des Kosmos.

Für Don Mariano sind wir das auch, wir kommen alle von Pachamama. In den Anden erhalten außerdem alle Kinder eine besondere Zeremonie, die *Unanchay* genannt wird. Es ist ein besonderes Ritual, bei dem man Wasser über Kopf und Stirn des Babys gießt, um ihm seinen ersten Namen zu geben. Danach lernen alle Kinder, mit Pachamama zu leben und sich mit ihr zu verbinden.

Der Altar von Qorikancha

Pachamama wird in Südamerika seit Jahrtausenden als große Mutter anerkannt. Die Überlieferungen der andinen Kosmologie und die darin enthaltenen Zusammenhänge zwischen Mensch und Natur, Natur und Kosmos, sichtbarer und unsichtbarer Welt, spiegeln sich in vielen Tempelanlagen und Kraftorten (*Wakas*) Perus wider. Ein Zeugnis von besonderer Schönheit habe ich in Qorikancha, dem ehemaligen Tempel der Sonne, entdeckt. Es ist eine zwei bis drei Meter große Tafel aus reinem Gold, auf der alle wichtigen Aspekte der Kawsay Pacha abgebildet sind. Menschen, Tiere, Sterne, Wasser, Sonne, Mond, einfach alles findet sich dort wieder. Das Original befand sich im Hauptaltar des Tempels.

Zur Zeit der Inka war der »Templo del Sol« eine prunkvolle Anlage mit unzähligen Reliquien aus feinstem Gold. Die Anlage wurde im Zuge der Eroberung durch die Spanier geplündert und bis auf die Grundmauern zerstört. Darauf wurde ein dominikanisches Kloster erbaut. Heute ist Qorikancha zum Teil ein Museum, in dem der »Templo del Sol« nach schriftlichen Überlieferungen rekonstruiert wurde und Replikate der goldenen Objekte ausgestellt werden. Aus der Inkazeit existieren nur noch Aufzeichnungen der spanischen und peruanischen Chronisten, die diese Anlage noch erlebten. Das Replikat des Hauptaltars hat keinen Anspruch auf eine vollständige und absolute Kosmologie. Es ist durchaus möglich, dass einige wichtige Details nicht enthalten oder gar in

Goldene Tafel des »Templo del Sol«

Replikat des Hauptaltars aus dem Museum Qorikancha in Cuzco.

Formen dargestellt sind, die nicht aus der Inka-Kultur stammen. Dennoch finde ich diese Tafel wunderschön und bin fasziniert davon, wie viele Energiequellen und Elemente der Kawsay Pacha ich darin entdecke, die mir bereits von den Paqos vorgestellt wurden.

Es ist sehr außergewöhnlich, dass diese Goldtafel so kindlich gemalt wurde. Die Inka- und Prä-Inka-Kulturen vermittelten ihre Geschichten und Lehren weitgehend über ihre kraftvolle Sprache und ihre kunstfertigen Symbole in Tempeln und prachtvollen Webarbeiten. Derartige Zeichenstile sind eher selten.

Der Altar ist in Form eines Hauses dargestellt. Das finde ich besonders schön, denn Pachamama, die Welt der Materie, ist unser Zuhause. Oben, unter der Dachspitze findest du senkrecht den Gürtel des Orion mit den beiden größten Sternen seines Kriegers: links Rigel und rechts Beteigeuze (1).

Direkt darunter stellt das »große ovale Ei« die universelle Schöpferkraft, *Wiraqocha*, dar (2). Links daneben befindet sich *Inti*, die Sonne (3), und rechts *Killa*,

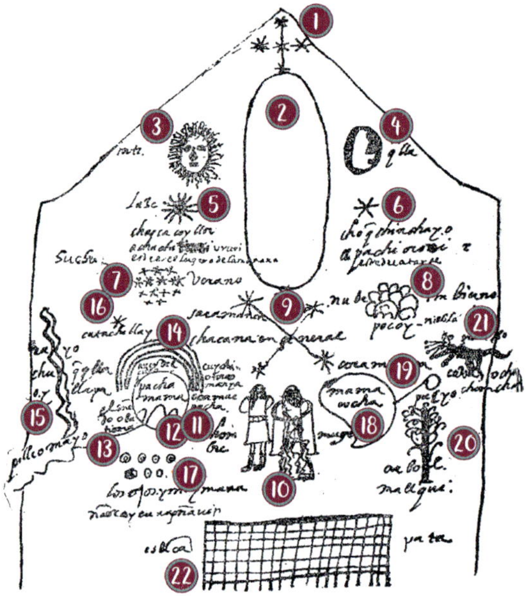

Zeichnung der goldenen Tafel

Originalzeichnung von Juan de Santa Cruz Pachacuti Yamqui Salcamaygua.[4] Er war einer jener Zeitzeugen, der ca. 1620 diesen Hauptaltar aus Gold abzeichnete und dokumentierte. Seine Aufzeichnungen wurden erst 1879 veröffentlicht.

der Mond (4). Direkt unter diesen beiden siehst du auf jeder Seite einen Stern. Das ist die Venus – links als Morgenstern (5) und rechts als Abendstern (6). Unter der Venus befindet sich links ein Haufen Sterne (7) und rechts ein Haufen Wolken (8). Das sind laut einiger Interpretationen wahrscheinlich die Plejaden. Links werden sie bei klarer Sicht im Sommer und rechts von Wolken verhüllt im Winter dargestellt. Die Plejaden haben eine ganz besondere Bedeutung in der Andentradition. Nicht nur richten sich die Bauern zum Beispiel bei Pflanz- und Ernteterminen nach der Sichtbarkeit der Plejaden, sondern die Paqos sagen auch, dass sie von den Plejaden kommen.

Unter dem kosmischen Ei findest du die Sternenkonstellation »Kreuz des Südens«, das *Chakana,* eines der wichtigsten Symbole der Andenkosmologie (9). Direkt darunter steht ein Paar, Mann und Frau (10). Links von dem Paar ist Pachamama dargestellt (11). An ihrem Horizont befinden sich drei Berge (12), und dort entspringt ein Fluss: *Pilcomayo* – »der bunte Fluss« (13). Die Interpre-

Die Milchstraße mit ihren schwarzen Sternbildern

Die schwarzen Sternbilder Milchstraße auf der südlichen Halbkugel sind in den lichtarmen Anden gut zu erkennen. Das Lama ist durch seine beiden Stern-Augen besonders auffällig.

ten sind sich nicht einig, ob der Fluss ein Fluss mit Wasser ist oder ob damit die Milchstraße gemeint ist. Beides ist möglich. Über Pachamama liegt eindeutig der Regenbogen (14).

Links neben Pachamama ist ein Blitz gezeichnet (15). In den Anden ist der Blitz nicht nur eine gefürchtete Naturgewalt, viele der Paqos wurden auch durch Blitzschläge als Heiler eingeweiht und bekamen auf diese Weise Fähigkeiten mit auf den Weg. Der Blitz ist zudem eines der hellsten Lichter am Himmel und birgt enorme Heilkraft.

Direkt über Pachamama befindet sich ein Stern namens »Catach'illay« (16). Er gehört zum »Babylama«, eines der schwarzen Sternbilder in der Milchstraße, welche für die Paqos von besonderer Bedeutung sind. Schwarze Sternbilder sind bei uns nicht geläufig. Es sind die dunklen Staubwolken in der Milchstraße, die richtige Formen und Umrisse bilden. Die Form des Babylamas ist der schwarze Teil, und der Stern Catach'illay leuchtet darin als Auge. Mit dem schwarzen Sternbild des Babylamas ist auch das »himmlische weibliche Lama« (Urkuch'illay) verbunden. Es ist das größte schwarze Sternbild in der Milchstraße mit zwei leuchtenden Stern-Augen – Alpha und Beta Centaury. Interpreten der Chroniken vermuten, dass Juan de Santa Cruz Pachacuti das große Lama vergessen hat.

Unter Pachamama sind die »Sieben Augen aller Dinge und aller Gattungen« abgebildet (17). Die Interpreten deuten diese unterschiedlich: Es könnte sich um die Plejaden handeln, aber auch um die sieben Himmelsrichtungen oder die Augen des Göttlichen, auch *Wiraqocha Imaimana* genannt.

Rechts neben dem menschlichen Paar siehst du *Mama Cocha*, den Ozean (18), mit einer kleinen Quelle oben rechts, der *Pucyu* (19). Direkt unter der Quelle steht ein großer Baum, ein *Mallki* (20). Rechts über der Quelle ist *Choqechinchay* gezeichnet (21). Sie ist die goldene Katze, ein wichtiger Archetyp in der schamanischen Andentradition. Hier ist sie als »Hagel« dargestellt, weil sie Strahlen aus ihren Augen sendet und Hagel in den Anden oft ein Begleiter von Blitz und Donner ist.

Auf dem Fundament des Hauses befindet sich das große karierte Feld, das *Collca(m)pata* (22). Dieses wird von einigen als »Getreidespeicher« interpretiert, der den irdischen Reichtum widerspiegeln soll. Nach einer anderen Deutung handelt es sich hierbei um sogenannte *Seq'es*, also Energielinien oder Leylines. Immerhin befindet sich Qorikancha direkt auf einem energetischen Kraftort (Waka). Von diesem Punkt in Cuzco kann man etwa 328 Energielinien folgen. Sie gehen alle von einem zentralen Stein im Tempel aus und man gelangt auf jeder Linie zu mehreren Tempeln und Kraftorten im Heiligen Tal. Im Norden und Süden liegen jeweils 9 Seq'es mit 85 Wakas, im Westen liegen 14 Seq'es mit 80 Wakas und im Osten 9 Seq'es mit 78 Wakas.[5] All diese Orte sind energetisch mit Qorikancha verbunden.

Ob und wie nun diese nachträglichen Interpretationen[6] der alten Chroniken die genaue Kosmologie wiedergeben, bleibt offen. Aber viele Elemente und Energiequellen, die sich auf dieser Tafel befinden, sind fester Bestandteil in Zeremonien, Meditationen, in der Mesa und auch in Initiationen. Sie repräsentieren wichtige Aspekte von Pachamama und der Kawsay Pacha, die auf uns Menschen bedeutsame Wirkung haben. Genau deshalb gefällt mir diese Tafel so gut. Es ist so, als würde ich das »Haus vom Nikolaus« zeichnen und darin alle Sterne, Berge, Flüsse, Meere und Energiequellen verzeichnen, die ich durch die Paqos in Übungen und Zeremonien kennengelernt habe. Sie wirkt verspielt, kindlich und vielleicht sogar viel zu simpel. Und dennoch beinhaltet sie die Essenz der andinen Kosmologie – unsere Wechselwirkung mit dem Kosmos.

Die drei Welten

Die Paqos unterteilen unser Universum in drei Welten: die Unterwelt (*Ukhu Pacha*), die Mittelwelt (*Kay Pacha*) und die Oberwelt (*Hanaq Pacha*).

Die Ukhu Pacha ist die untere und innere Welt. Sie ist rein immateriell, uns nicht bewusst und befindet sich innerhalb der Erde, also unter der Erdoberfläche. Natürlich befindet sich unter der Oberfläche auch Materie, denn wir können ein Loch graben und sehen die Erde, den Sand und viele Steine. Die Unterwelt ist eine rein energetische Dimension von Pachamama. Die Ukhu Pacha ist sehr wichtig für uns, denn aus ihr entspringen sämtliche Energiequellen der Natur und fließen von dort an die Oberfläche. Bäume (Mallkikuna) mit ihren tiefen Wurzeln und Wasserquellen (Pukyu) sind Bindeglieder für diesen Energiefluss zwischen der Ukhu Pacha und der Kay Pacha. Es gibt durchaus auch Ebenen in der Unterwelt, die für uns Menschen nicht gesund sind, denn dort wird die Energie so schwer, dass wir sie nicht mehr verdauen können. Das ist so, als würden wir versuchen, einem Hurrikan oder einem reißenden Fluss standzuhalten. Die Kräfte sind in ihrer reinen Form einfach zu zerstörerisch für uns. Die Unterwelt ist aber keine Version der Hölle, auch wenn sich in Peru die Kosmologie mit der christlichen Religion stark vermischt hat und man diesen Vorstellungen auch dort begegnen kann. In der Kosmologie der Paqos besteht die Ukhu Pacha aus verschiedenen Ebenen, welche die Farben des Regenbogens tragen.

Die Mittelwelt heißt Kay Pacha und ist der Ort, an dem alles eine materielle Form annimmt. Hier befinden sich die Menschen und alles von der Natur, was wir sehen und fühlen können. In der Mittelwelt können wir physisch reisen, zu Fuß, mit dem Auto, mit dem Flugzeug, aber auch energetisch, wenn wir an bestimmte Orte denken, wie Tempel, Pyramiden, Urlaubsorte oder unsere ehemalige Wohnung. In dieser Welt mischen sich Energie und Materie, sodass sich hier Himmel und Erde küssen. Zu der Mittelwelt gehören auch die Berge, *Apukuna*. Sie repräsentieren die männlichen Kräfte und sind mit ihrem Alter und ihrer Höhe Botschafter der Oberen Welt und kanalisieren permanent kosmische Energien auf die Erde. Sie sind unsere Portale in den Kosmos, unsere ältesten Weisen und große Heiler.

Mama Cocha ist die »Mutter des Wassers« und beinhaltet alle Ozeane und Gewässer. Da wir auf einem blauen Planeten leben, stellt sie als weibliche Kraft die größte Instanz dar.

Natürlich gehören auch die vier Elemente zu den wichtigen Aspekten der Kosmologie, die sich hier materialisieren. Das Feuer – *Nina*, das Wasser – *Unu*, der Wind – *Wayra* und die Erde – *Allpa*.

Die drei Welten

Alle drei Welten beeinflussen energetisch unser menschliches Sein. Die Anerkennung dieser Wechselwirkung bringt uns Balance.

In der Oberwelt, der Hanaq Pacha, sind sämtliche kosmischen Energiequellen beheimatet, wie Vater Sonne – *Tayta Inti*, Großmutter Mond – *Mama Killa*, viele Sterne – *Ch'askakuna*, unterschiedlichste Planeten und sogar Sonnensysteme. Die Paqos sprechen davon, dass wir vier Sonnen haben, und nur eine davon ist jene Sonne, die wir von der Erde aus sehen können. Der Hanaq Pacha entstammen wichtige Vitalenergien wie das Licht der Sonne, die Kraft des Mondes und die Bewegungen der Gestirne, die für unser Leben auf der Erde von essenzieller Bedeutung sind. Wir stehen mit ihr in einem täglichen, meist unbewussten Austausch. Auch in ihr gibt es unterschiedliche Ebenen, welche die Paqos geistig bereisen, um sich zu harmonisieren und mit Kraft aufzuladen. Die drei Welten werden von drei Archetypen repräsentiert, die man in Peru häufig als Figur kaufen kann. Ganz unten liegt die Schlange, darauf steht der Puma und darüber fliegt der Kondor.

Zusätzlich zu den drei Welten gibt es in der Andenkosmologie das Reich der vier Himmelsrichtungen, das *Tawantinsuyu*. Es vereint vier kosmische Kräfte und die jeweils dazugehörigen Archetypen:

- Den Osten *Antisuyu* mit dem Kondor *Apuchin*.
- Den Süden *Qollasuyu* mit der Schlange *Sachamama*.
- Den Westen *Kuntisuyu* mit dem Puma und Jaguar *Choqechinchay*, auch *Otoronqo* genannt.
- Den Norden *Chinchaysuyu* mit dem Kolibri *Siwar Q'ente*.

Der Begriff Tawantinsuyu wurde auch im Inkareich verwendet, welches aus vier Regionen bestand. Den Inka-Herrschern gelang es, die unterschiedlichen Regionen mit all ihren kulturellen und traditionellen Unterschieden zu einem großen Reich zu vereinen. So ist der Begriff Tawantinsuyu eine Bezeichnung für die Vereinigung von unterschiedlichen Distrikten, aber kosmologisch auch für die vereinigte Wirkung der vier kosmischen Kräfte des Universums. Die Vereinigung aller vier Suyus bringt eine größere Kraft hervor als die Summe der vier Energien. Diese vier Kräfte besitzen unterschiedliche Qualitäten und beeinflussen verschiedene Ebenen in unserem Leben. Der Süden nährt die Verbindung zu Pachamama, die Erdung und unsere Stabilität. Der Westen steht für unsere Kraft, Aktionen und Liebe, aber auch für die Arbeit mit unseren Ängsten. Der Norden repräsentiert unsere Seele und die Entfaltung unseres Herzens. Und der Osten reinigt unser drittes Auge von den Wolken und fördert unsere Visionskraft. Keine Kraft ist bedeutsamer als die andere, alle Kräfte sind gleichwertig, und du findest deine wahre Natur, wenn du gelernt hast, alle Komponenten zu leben. Insgesamt fügen sich die drei Welten und die vier Himmelsrichtungen zu sieben Hauptkräften zusammen. Die Mittelwelt wird dabei durch dein Herz repräsentiert, das eine kosmische Brücke zwischen allen Kräften ist. Du siehst also, dass dein Herz wahrhaftig ein ganzes Universum beinhaltet, welches in dir seinen körperlichen Ausdruck findet!

Das Chakana

Das Chakana vereint symbolisch die vier Himmelsrichtungen und die drei Welten. Es ist in Steinform in sämtlichen Tempeln der Inkatradition zu finden und steht für die andine Kosmologie.

Pachamama

- Pachamama heißt »Mutter von Zeit und Raum«.
- Pachamama ist die Mutter der Materie, ein Wesen und gleichzeitig ein multidimensionaler Raum mit vielen Ebenen.
- Sie hat ein eigenes Bewusstsein und vereint das Bewusstsein aller Wesen in sich.
- Sie beinhaltet lineare Zeit und zirkulare Zeit.
- Alles innerhalb von Pachamama steht miteinander in Wechselwirkung – Unabhängigkeit ist eine Illusion.
- Wenn du beginnst, mit der Natur zu interagieren, kannst du deine innere wahre Natur entdecken.

DIE DREI ZENTREN:
Herz, Kopf, Bauch

Die Andentradition weist unserem physischen und energetischen Körper drei Hauptzentren zu – Herz, Kopf und Bauch. Diese Zentren verkörpern die Kosmologie der drei Welten. Dein Bauch verbindet dich mit der Erde, dein Kopf mit dem Kosmos und dein Herz ist die Brücke zwischen beiden – du als einzigartiges Wesen verbindest beides in der Kay Pacha, der Welt des Seins, der Welt der Materie, der Mittelwelt.

Munay – bedingungslose Liebe

Das erste Zentrum ist das Herzzentrum in der Mitte des Brustbeins. Dein Herz, *Sonqo* genannt, ist nicht nur dein physisches, sondern auch dein energetisches Herz. Es ist ein heiliger Tempel in dir und eine Quelle für die Energie *Munay*. Munay ist das Quechua-Wort für »Liebe« und »bedingungslose Liebe«. Die Bedeutung von Munay ist aber viel größer und hat in den jeweiligen Kontexten verschiedene Qualitäten. Munay ist die Fähigkeit, dem Kosmos gegenüber bedingungslose Liebe, Sanftmut und Demut zu entwickeln, also allem Lebendigen gegenüber. So steht Munay auch für deine bedingungslose Liebe zu dir selbst. Zudem ist dein Herzzentrum der Ort, an dem dein Lichtsamen wie eine Sonne zu leuchten beginnt und sich als Brücke zwischen Kosmos und Erde entfaltet. Munay zu leben heißt auch, deinen einzigartigen Nektar (Ñukch'u) zu produzieren, den du durch deine Fähigkeiten, Gaben, Eigenschaften und seelischen Qualitäten mit der Welt teilen kannst. Die Paqos sagen immer, dass es um die »Süße im Leben« geht. Damit meinen sie nicht irgendwelche kurzfristigen

Freuden des Konsums, sich »einfach mal was zu gönnen«, womit wir uns gerne vorgaukeln, wir würden uns dann gut fühlen. Nein, die Süße ist dein Nektar, aus dem der Kolibri gerne trinkt. Er ist deine Energie, die du Tag für Tag produzierst, durch deine Gedanken, deine Gefühle und deine Handlungen. Nektar entsteht durch Dankbarkeit, Freude, Mäßigung der emotionalen Eskapaden und vor allem durch Selbstliebe und die Bewusstheit deiner Selbst. Die Paqos sagen, dass wir unseren eigenen Nektar produzieren, wenn wir damit aufhören, anderen gefallen zu wollen, wenn wir uns nicht mehr »selbst weggeben« und wenn wir nicht mehr vor dem flüchten, was wir in uns selbst zu erkennen haben. Den eigenen Nektar zu produzieren und sich selbst damit seelisch zu nähren, bedeutet für die Paqos, die Bestätigungen, die wir suchen, in uns selbst zu finden und nicht mehr bei anderen.[7]

In diesem Kontext bezeichnet Munay auch das Entdecken deiner inneren Stärke. Du bist in jenen Punkten stark, die dir von Natur aus liegen. Alles, was du tust, was dir aber nicht entspricht, wird dich nicht in deine innere Stärke führen. Aus deinem einzigartigen Nektar trinkt der Kolibri gerne. Er trinkt keine *Hucha*, keine »schwere Energie«. Der Kolibri ist der archetypische Wegweiser für unseren seelischen Weg. Wenn er von dir Herzfutter bekommt, dann bedeutet es für dich, dass du auf deinem Weg bist.

Yachay – Weisheit

Dein zweites Zentrum ist dein Kopf, *Uma* genannt. Die Qualität dieses Wahrnehmungszentrums ist *Yachay*, was »Wissen«, »Weisheit« und als Verb auch »lernen« bedeutet. Die Paqos verwenden den Begriff Yachay für »heilige Weisheit«. Weisheit entsteht in dir, wenn du die »Wolken« vor deinem dritten Auge, dem Zentrum für Intuition und Klarheit, reinigst. Die Wolken entstehen, wenn du zu viel denkst und dich in endlosen Gedankenschleifen verlierst. Yachay ist die Fähigkeit, innere Klarheit zu erlangen und dein Leben aus einer Perspektive zu sehen, welche die größeren Zusammenhänge und Wechselwirkungen vertrau-

ensvoll berücksichtigt. Diese Perspektive beinhaltet das Loslassen von Kontrolle – Kontrolle über unser Leben, unseren Weg und die Einzelheiten und Details unserer Reise. Zu diesem Lernprozess gehört es auch, die Kontrolle über die vielen unterschiedlichen Wahrheiten anderer Personen, und wie diese über dich denken, abzugeben. Der Archetyp des Kondors repräsentiert diese größere Perspektive. Wird dein Geist ruhig, dann lernst du, deinem permanenten Gedankenfluss die Kraft zu nehmen und deine Identifikation mit deinen Gedanken aufzulösen.
Was bleibt, ist bewusste Unwissenheit und Neutralität. So kann sich dein Kopfzentrum mit dem ewigen Licht des Kosmos verbinden. Es kann höhere Weisheit in dich hineinströmen und deine Gedanken und Perspektiven auf das Leben beeinflussen. Du verbindest dich mit deiner seelischen Intuition und bekommst die richtigen Impulse zur richtigen Zeit.
Dein Kopfzentrum kann nur klar und wolkenfrei sein, wenn du ausreichend Erdung und Stabilität in deinem dritten Zentrum hast – deinem Bauch.

Llank'ay – Handlung

In deinem dritten Zentrum, deinem Bauch, liegt die Fähigkeit von *Llank'ay*, was »Arbeit« und »Dienst« bedeutet. Llank'ay ist die voll entfaltete Kraft deines Nabelzentrums, *Qosqo* genannt. Dieses Zentrum ist die Quelle deiner Kraft und deiner Handlung. Hier setzt du Yachay, deine Weisheit, und Munay, deine bedingungslose Liebe und deinen Nektar, in Handlungen um. Der Archetyp des Pumas und des Jaguars stehen für genau diese Qualität: Liebe in Aktion. Die Entfaltung deines Llank'ay hilft dir, deinen eigenen Weg zu finden und diesen auch zu gehen. Die Umsetzung deines Weges hängt maßgeblich davon ab, ob du deine Ängste überwindest. Der Mut zur Konfrontation mit unseren Ängsten ist eine weitere Eigenschaft des Pumas. Wir werden zum Sklaven unserer Angst, wenn unsere Gedanken überhandnehmen und wir unsere Erdung verlieren. In diesem Moment ziehen Wolken vor unser drittes Auge, und unser Bauch füllt sich mit Anspannung, weil er die schwere Energie aus unseren Gedanken speichert.

Dein Bauchzentrum auszubalancieren und Llank'ay im Einklang mit deinen anderen beiden Zentren zu entfalten, ist eine der größten Herausforderungen. Auf diesem Weg sprechen pure Fakten. Du lernst direkt aus den Konsequenzen deiner Gedanken, Gefühle und Taten. Das kann manchmal sehr hart sein, bringt aber auch schnelle Erkenntnisse. Llank'ay ist die Schnittstelle, an der wir reine Energie wie Gedanken und Gefühle in Materie umwandeln. Das Prinzip ist sehr einfach: Schau dir dein Leben genau an und lerne daraus. Alles, was du vorfindest, wurde durch deine Gedanken, Gefühle und durch Personen und Situationen, mit denen du im Austausch bist, erschaffen. Das, was ist, spricht Bände. Die Arbeit mit diesem Zentrum ist eine Initiation in die bewusste Handlung und in den Umgang mit linearer Zeit und ihren Konsequenzen. Hier findet ein Lern- und Integrationsprozess seine Vollendung. Deine Weisheit, deine innere Stärke und deine Liebe sind deine Wahrheit. Und so unterscheiden sich die daraus entstehenden Handlungen von jenen, die voller Selbstzweifel durch einen wirren Geist und ein verschlossenes Herz initiiert werden.

SAMI UND HUCHA – leichte und schwere Energie

Die Paqos haben eine ganz wundervolle Betrachtungsweise der unterschiedlichen Energien von Pachamama. Sie unterscheiden nicht zwischen negativer und positiver Energie, da sie wissen, dass die Definition einer Energie niemals Allgemeingültigkeit und Absolutheit erreichen kann. Der Nutzen einer Energie hängt immer von den Instanzen ab, die diese Energie betrachten. Eine Bewertung wäre viel zu subjektiv. In der Andentradition unterscheidet man zwischen schwerer Energie *Hucha* und leichter Energie *Sami*. Das Wort »Sami« leitet sich vom Verb »saminchay« ab, was »segnen« bedeutet. »Hucha« heißt »schwere Energie« und steht im überlieferten Sprachkontext auch für »Delikt« oder »Sünde«.

Die Schwere der Energie beschreibt in erster Linie die Zugehörigkeit zu einer Dimension. Je schwerer und chaotischer die Energie ist, umso besser kann sie von der Natur verarbeitet und recycelt werden. »Schwer« steht hier also nicht für »negativ«, auch wenn sich Hucha für uns Menschen unangenehm anfühlen kann, weil wir sie nicht verwerten können. Aber Pachamama kann Hucha verwerten, und sie ist ein wunderbares Recyclingprodukt für Bäume und Pflanzen. Tief in Pachamamas Bauch brennt ein Feuer, ein orangefarbenes Licht, wo Hucha transformiert wird. Viele Pflanzen, besonders die Bäume, haben einen direkten Draht zu dieser Ebene. Deshalb haben Bäume auch eine so beruhigende Wirkung, wenn du dich an sie anlehnst, denn sie leiten deine Hucha in die Erde. Du kannst es vielleicht mit Kompost vergleichen. In einem Komposthaufen wandelt die Natur Gemüsereste, Schalen und für uns unverwertbare Abfälle in neue, frische und nährstoffreiche Erde um. Der Kompost dient den kleinsten Lebewesen, den Pilzen und Mikroben als Nahrung, die dann später eine Symbiose mit den Kulturpflanzen eingehen. Und diese Pflanzen können wir wiederum verwerten.

Alles in der Natur ist für irgendetwas gut. Die Welt der lebendigen Energien, der Kawsay Pacha, ist voll von unterschiedlichen Energiequalitäten. Einige sind gut und nahrhaft für uns und andere nicht. Trotzdem haben alle Energiequalitäten einen Sinn und sind irgendeiner Instanz nützlich. So ist zum Beispiel der Sauerstoff für uns gut, für die Bäume ist er ein Abfallprodukt. Die Qualität einer Energie ist also immer relativ zum Betrachter, und die Kunst besteht darin, zu unterscheiden, was dir guttut und was nicht. Wenn die Paqos von Hucha und Sami sprechen, dann beziehen sie sich damit auf die menschliche Natur.

Dein Körper und dein Energiekörper brauchen Sami aus der Natur, um sich zu nähren. Sami ist Licht und wird von der Natur und vom Kosmos produziert. Die Bezeichnung Sami beschreibt das Vorhandensein von kosmischer und natürlicher Ordnung, wodurch wir diese Energien verdauen und aufnehmen können. Sami ist der Wind, der Regen, der Mond, die Bäume, das Feuer, das Sonnenlicht und all das, was dein Körper braucht, um zu leben. Jeder Baum im Park, jeder Berg und jedes Fleckchen Erde nährt dich mit Sami. Deswegen fühlen wir uns so gut nach einem ausgiebigen Spaziergang. Es gibt sowohl Sami von Pachamama als auch Sami aus dem Kosmos.

Hucha hingegen entsteht nicht durch die Natur. Sie wird nur von Menschen selbst produziert, sie ist unser Abfallprodukt. Hucha ist chaotisch und entsteht bei inneren Konflikten, negativen Gedankenspiralen, unterdrückten Emotionen, Projektionen, und wenn du dich selbst in deinen Gedanken und Mustern kleinmachst. Also grundsätzlich, wenn du im Kopf feststeckst und nicht in deinem Körper- und Naturbewusstsein bist. Dann beginnst du, unbewusste Konflikte zwischen deinem Verstand, dessen Werten und deiner wahren Natur auszufechten. Zu viel Hucha äußert sich in Schlaflosigkeit, in feststeckenden Emotionen, in Gedankenkarussells, in dem Gefühl, nicht »runterkommen« zu können, in Stress, Anspannung und Gereiztheit. Hucha zeigt sich in Schmerzen und letztlich auch in vielen Formen von Krankheiten. Die Paqos sagen, dass jede Form von Schmerzen Hucha beinhaltet.

Das klingt zunächst fürchterlich, und Hucha scheint eine ganz fiese Sache zu sein. Aber Hucha zu produzieren, gehört zum Menschsein – es ist einfach nur Energie. Wir haben nun mal ein Ego, das uns gerne von unserer wahren Natur fernhält und uns glauben lässt, wir seien klein oder machtlos und unwürdig. Es ist ein notwendiger Teil unserer Evolution und des Kreislaufs der Natur. Und Pachamama ist darauf vorbereitet. Sie kann deine Hucha wunderbar verwerten. Grundsätzlich gilt: Je mehr Hucha du in dir trägst, desto weniger Sami und kosmische Ordnung kann in dir sein. Diesen Zustand kannst du auch fühlen. Das Erste, was du als Schüler in der Andentradition lernst, ist, deine Hucha auszuleiten (die Übung findest du im Kapitel »Schamanische Übungen«). Der Umgang mit deinen energetischen Abfallprodukten kann so natürlich werden wie der Gang zur Toilette oder das tägliche Duschen.

Das Wunderbare ist, dass du als Mensch auch Sami produzieren kannst. Dies tust du, wenn du kosmische Ordnung in dir erschaffen hast und wenn du mit deiner wahren Natur verbunden bist. Dann wird deine Fähigkeit, Sami zu produzieren, aktiviert, und du beginnst, eine nährende Wirkung auf dein Umfeld zu haben. Wenn du diesen Zustand erreicht hast, dann produzierst du deinen eigenen Nektar im Herzen. So bezeichnen die Paqos deine Einzigartigkeit und die ganz individuellen Qualitäten, die du auszustrahlen beginnst, wenn du mit deiner wahren Natur in Kontakt bist.

Der Weg dahin ist ganz einfach. Ich nenne es das »Gedanken raus – Natur rein«-Prinzip: Schwere Energie muss raus – leichte Energie soll rein! Hucha raus – Sami rein!

Je mehr Naturenergien du integrierst, desto natürlicher wird dein ganzes Energiefeld. Und das bedeutet, dass dein Körper wieder natürlich wird, dass er gesunden kann und dein Geist sich aufklart. Dein innerster Kern wird nun nicht mehr von chaotischen Energien verdeckt. Denn dein Energiefeld beeinflusst sowohl deine Gedanken und Gefühle als auch deinen Körper. Unsere Wahrnehmung wird nicht allein vom Gehirn gesteuert. Es ist eine wichtige Umsetzungszentrale für körperliche Impulse, ebenso wie der Bauch mit seinem Nervensystem im Darm. Unser Energiefeld aber ist die erste Anlaufstelle für Wahrnehmungen aus unserer Umgebung.

Aus eigener Erfahrung weiß ich, dass viel Hucha eine sehr unangenehme Sache ist. Den Unterschied zwischen einem mit Hucha völlig überfrachteten System und einem gereinigten Energiekörper ist enorm und bereits nach einer gelungenen Reinigung fühlt man sich wie ausgewechselt – physisch und emotional!

Die schwere Energie muss immer wieder raus, erst dann können wir uns besser spüren und damit beginnen, selbst Sami zu produzieren.

- Sami ist leichte und geordnete Energie. Sie wird von der Natur und vom Kosmos produziert. Unser Energie- und Körpersystem nährt sich von Sami.
- Hucha ist schwere und chaotische Energie. Sie wird von uns Menschen produziert und ist unser energetisches Abfallprodukt.
- Hucha wird von Pachamama verdaut und transformiert.
- Hucha und Sami sind nicht gleichbedeutend mit »schlechter« und »guter« Energie. Die Betrachtung ist relativ.
- Je mehr Sami aus der Natur du in dir hast, desto mehr spürst du deine wahre Natur.
- Wenn du mit deiner wahren Natur verbunden bist, dann produzierst du auch Sami und Nektar.
- Viele Gedanken, Sorgen und Ängste sind Anzeichen für zu viel Hucha. Praktiziere das einfache Reinigungsprinzip »Gedanken raus – Natur rein« – »Hucha raus – Sami rein«.

AYNI – die heilige Wechselwirkung

Ayni ist das wichtigste Lebensprinzip der Andentradition. Es ist ein grundlegendes, universelles Gesetz, auf dem alle Interaktionen basieren. Es beinhaltet die Fähigkeit, alle Lebensbegegnungen wertvoll zu gestalten, indem der eigene Selbstwert erkannt wird.

Das Wirkungsprinzip ist dabei ganz simpel und klar: Alles hängt zusammen und beeinflusst sich gegenseitig.

Der Quechua-Begriff »Ayni« bedeutet »Reziprozität«, also »Wechselwirkung«. Diese umfasst alle Aktionen unseres Daseins zwischen Mensch und Natur, innerhalb der Natur und zwischen Mensch und Mensch. Wenn die Paqos von Ayni sprechen, dann sprechen sie von einer heiligen Wechselwirkung, und ihr Bestreben liegt darin, möglichst viel mit Munay (bedingungsloser Liebe) zu tun und zu füllen. Das spüre ich immer wieder, wenn ich die Paqos treffe, wenn ich mit ihnen arbeite. In ihren Worten schwingen Mitgefühl, Sanftheit und Klarheit mit, Bewusstsein für die eigene innere Größe und eine unendlich große Liebe für Pachamama und das Universum.

Ayni ist der Weg, eine harmonische Beziehung zur Erde, zum Kosmos, zu anderen Menschen, Situationen und speziell zu dir selbst zu leben. Es steht für eine liebevolle Beziehung, die auf gegenseitiger Unterstützung basiert, denn alles, was du bist und tust, erlaubt deinem Gegenüber, das Gleiche zu sein und zu tun. Die erste wichtige Erkenntnis ist, dass du Ayni nicht umgehen kannst. Ayni findet immer statt, zu jedem Zeitpunkt. Mach dir einfach bewusst, dass du permanent mit vielen Formen von lebendiger Energie im Austausch stehst.

Ein ganz einfaches Ayni-Beispiel ist unser Atem. Du atmest sowohl ein als auch aus. Das natürliche Gleichgewicht ist, dass du genauso viel einatmest wie du ausatmest. Wenn du nun eine Seite veränderst und beispielsweise weniger einatmest, dann kannst du als Konsequenz auch weniger ausatmen. Dieses Beispiel ist natürlich ziemlich vereinfacht, weil niemals nur zwei Faktoren an einem Ayni beteiligt sind, aber es beschreibt das Prinzip ganz gut. Wir stehen permanent im Austausch mit diversen Plätzen, Situationen und Personen sowie der unteren und oberen Welt, und alles gleichzeitig. Alles und jedes steht in einer wechselseitigen Verbindung zueinander und wirkt auf- und miteinander. Und das ist Ayni in seiner wundervollen Komplexität.

Eine einfache Ebene für unser Ayni ist die Beziehung zwischen Menschen. Ayni bedeutet hier, Geben und Nehmen in Balance zu halten. Also Hilfe zurückzugeben, wenn wir Hilfe erhalten. Die Paqos leben in erste Linie von Subsistenzwirtschaft. Sie sind hauptberuflich Bauern und besitzen verschiedene kleine Felder. In den Dörfern oder Familien bilden sich oftmals Arbeitsgruppen, um die weit auseinanderliegenden Felder zu bestellen. Dabei werden die Felder der jeweiligen Mitglieder nacheinander bearbeitet. Jeder hilft jedem. Ayni steht hier für einen fairen Austausch und Hilfestellung. Nach dem Motto »Heute für dich und morgen für mich« werden Geben und Nehmen, Hilfestellung in der Dorfgemeinschaft, die eigene Selbstfürsorge und der Dienst am Nächsten in Balance gehalten. Auch in unserer Gesellschaft ist dieses Gleichgewicht immer noch die Grundlage für eine Freundschaft und eine intakte Beziehung.

Als vor einigen Jahren die Paqos bei mir in Bremen zu Besuch waren, erlebte ich ein sehr anschauliches Beispiel für sofortiges, liebevolles Ayni. Wir hatten den ganzen Tag in der Praxis Healings und Initiationen gegeben und die Paqos wollten direkt nach der letzten Session aufbrechen und weiterfahren. Nachdem sie sich verabschiedet hatten, begann ich aufzuräumen. Dabei fand ich ein wichtiges Heilungswerkzeug von Don Claudio Quispe Samata. Ich rannte sofort aus der Tür und hoffte, ich würde die drei noch antreffen. Ich sah sie weit hinten in der Straße, lief ihnen hinterher und rief laut: »Don Claudio, Claudio! Du hast etwas Wichtiges vergessen!« Als Don Claudio mich endlich hörte und stehen blieb, kam ich völlig außer Puste bei ihm an. Ich gab ihm sein Heilungsutensil, und er freute sich sichtlich darüber. Sofort griff er an seine bunte Wolltasche, die er schräg um den Oberkörper trug und löste davon ein langes buntes Band mit weißen Perlen. Er nahm meine Hand und wickelte mir das *Watana* mehrfach um mein Handgelenk, als sofortiges Ayni für meine Bemühungen.

Die Andentradition betrachtet nicht nur die Wechselwirkung zwischen den Menschen, sondern auch das Ayni zwischen Mensch und Natur. Dazu gehören ein maßvoller Umgang mit den vorhandenen Ressourcen und vor allem eine tiefe Dankbarkeit für unser Zuhause, für das Essen und für alles, was wir jeden Tag von Pachamama erhalten. Die Natur wird aber nicht als reine Ressourcenquelle gesehen. Im Sinne der Kawsay Pacha handelt es sich vielmehr um eine lebendige Beziehung zu ihr. »Ayni ist *das* Prinzip von Pachamama«, sagt Don Mariano. »Das Ayni muss als Energie durch unsere Herzen fließen. So müssen wir weich und sanft sein und das Wichtigste ist, dass wir jede Art von Zeremonien und Handlungen aus unseren Herzen praktizieren – für alles, was uns umgibt. Bedingungslos. Das nennt man Ayni.«

Das Prinzip von Ayni ist wirklich einfach: Wenn du nichts gibst, dann bekommst du nichts. Und wenn du möchtest, dass Pachamama dich auf deinem Weg unterstützt, dann tut sie dies als Antwort auf deine Gaben. Sowohl Don Sebastian als auch Don Mariano betonen immer wieder, dass wir unsere gesamte Energie von Pachamama bekommen. Wenn wir ihr nichts zurückgeben, dann wird unsere Energie immer schwächer. Genau das hatte mir zu Beginn meiner Reise der Ladenbesitzer in Pisaq gesagt, als ich mich geschwächt durch meinen Alltag kämpfte.

Die Harmonie entsteht nicht nur durch die richtige innere Einstellung, sondern tatsächlich auch durch Gaben in materieller Form. Dies können zum Beispiel Cocablätter sein, die mit dem Atem gesegnet und dann auf der Erde platziert werden. »Wenn du keine Cocablätter gibst, dann wirst du keine Form der Unterstützung bekommen«, sagt Don Sebastian bedeutungsvoll. »Die Cocablätter besitzen eine enorme Kraft, eine spezielle Kraft. Es ist wie zwischen Menschen. Du lädst jemanden auf ein Gericht ein, und der andere akzeptiert diese Einladung. Dieses Essen wird beide nähren. Genau so ist es mit den Cocablättern. Du bietest Pachamama etwas an, sie nährt sich von den Cocablättern, und danach wird sie dir viele Dinge geben – deine Wünsche und Träume erfüllen, die du ihr mitteilst. Wenn du aber niemals Cocablätter gibst, dann wird deine Energie immer weiter runtergehen.«

So habe auch ich den Rat der Paqos befolgt und für Pachamama sehr viele Despachos (Gabenbündel) kreiert und ihr Cocablätter gegeben. Gerade zu Beginn meines Weges hat mir mein Verstand oft dazwischengefunkt, wenn ich meine Despachos für Pachamama gemacht habe: »Wie soll das denn jetzt bitte schön dein Problem lösen? Überleg doch lieber noch mal genau, was du noch machen kannst, anstatt hier herumzusitzen und diese ganzen Blüten und Blätter in eine Form zu bringen.« Oder: »Vielleicht sollte ich doch mal wieder einen Arzt dazu befragen. Das bringt doch alles nichts.«

Ständig kamen Zweifel hoch, ob Pachamama tatsächlich »wirkte«. Mir erschien es absolut unlogisch, dass diese Gaben irgendwie mein Leben und meinen Körper beeinflussen könnten. Sich auf einen Weg einzulassen, von dem man nicht weiß, wie er wirkt und welche Veränderungen er mit sich bringt, ist für unseren kontrollsüchtigen Verstand nicht einfach.

Ayni ist also nichts, was du aus dem Verstand heraus erreichen kannst. »Ayni ist ein sehr starkes Prinzip in unserer Tradition. Wenn du nicht Ayni aus der Tiefe deines Herzens praktizierst«, sagt Don Mariano nachdrücklich, »dann glaube ich, dass die Dinge nicht einfach so von alleine kommen. Es muss immer irgendeine Form von bedingungslosem Ayni praktiziert werden.« Damit meint er, dass wir immer Energie und Liebe für unseren Weg und für gewünschte Veränderungen bereitstellen müssen.

Genau das ist es, was wir in der Zeit des Taripay Pacha, also in der Zeit, in der sich die Menschheit gerade befindet, lernen können, sagt Don Mariano: »Es ist unsere Mission, euch die Tradition und den Weg mit Pachamama zu lehren. Denn es ist eine Energie, die mit dem universellen Gott verbunden ist, auch Illa Teqse Wiraqocha genannt. Deswegen sind wir gekommen, und ich glaube, dass ihr die Chance nutzt, diese Energie zu kanalisieren, und mit dieser Art von Lehre in einem Gleichgewicht leben könnt.«

»Kanalisieren« nennen es die Paqos, wenn wir uns in einen Energieaustausch mit Pachamama begeben.

Ich empfinde diese erweiterten Möglichkeiten der Realität als eine absolute Bereicherung und als eine angenehme Auflösung unserer humanzentrierten, gesellschaftlichen Lebenskonzepte. Denn als Menschen sind wir Teil der Natur, aber wir stehen nicht über ihr. Die Andentradition betrachtet alle Lebewesen und alle Aspekte der Natur als gleichwertige Kinder Pachamamas.

Die Qualität von Ayni, die bei diesen Wechselwirkungen entsteht, hängt maßgeblich davon ab, was jede beteiligte Instanz hineingibt. Ayni bedeutet also auch, dass du das, was du hinzufügst, in der gleichen Qualität oder sogar verstärkt zurückbekommst. Du gestaltest also zu jedem Zeitpunkt dein Ayni mit. Die Natur ist authentisch, in jedem Augenblick, und das ist das, was Pachamama in das Ayni mit uns hineingibt. Was für eine Chance uns dieser Austausch doch bietet, ebenfalls authentisch zu werden!

- Ayni ist die heilige Wechselwirkung, die Reziprozität aller lebendigen Energien, Lebewesen, Orte und Personen untereinander, mit der Natur und dem Kosmos.
- Ayni findet immer statt. Du kannst Ayni nicht umgehen.
- Ayni mit der Natur und dem Kosmos ermöglicht dir Leben, innere Stärke, Selbstliebe, Sanftmut und Authentizität.
- Alles und jedes steht in einer wechselseitigen Verbindung zueinander und wirkt auf- und miteinander.
- Du gestaltest dein Ayni zu jedem Zeitpunkt mit.

KALLPA – innere Stärke durch die Kraft der Natur

Einer der wichtigsten Gründe dafür, dass die Heilarbeit der Anden so kraftvoll ist, ist die Fähigkeit, sich mit der Kraft der Natur aufzuladen. Die Paqos sprechen vom »Kanalisieren der Energien«, die sie für sich selbst oder für andere zur Verfügung stellen. Mit der Kraft der Natur balancieren sich Energiesystem und Körper wieder aus, und wir beginnen, unsere innere Kraft aufzubauen – *Kallpa*. Kallpa ist das Quechua-Wort für »innere Stärke« und »vitale Energie«, es bezeichnet dein persönliches Energielevel. Kallpa steht aber nicht nur für dein Energieniveau, sondern auch für unterschiedliche vitale Energien der Kawsay Pacha. Dies können archetypische Kräfte sein, wie die vier Archetypen des Tawantinsuyu: Kondor, Schlange, Jaguar/Puma und Kolibri. Aber auch Elemente, Ozeane oder Berge können uns vitale Energie senden. Wenn die Paqos Healings geben, bekommt die empfangende Person nach der Behandlung immer eine Rückmeldung von ihnen. Dabei fällt häufig das Wort Kallpa im Zusammenhang mit einer Energiequelle. Die Paqos erzählen dir dann von den verschiedenen Energien, die in der Session geholfen haben oder die sie gerufen haben, um deinen Körper und dein Energiefeld auszubalancieren. So sprechen sie vielleicht von der Kraft des Jaguars und der Schlange, die wichtig ist für dein Bauchchakra, deine innere Ruhe und deine Erdung. »Alle Archetypen haben Energie«, sagt Don Mariano. »Der Puma und die Schlange übertragen dir ihre Kraft. Wenn du sie rufst und ihnen dies sagst, dann können sie das tun. Diese Energien kannst du kanalisieren, um innerlich zu wachsen. Alle Archetypen kommen aus der inneren Kraft von Pachamama. Sie sind verbunden und vereint. Du kannst also Pachamama anrufen oder die Archetypen von

Pachamama und Energie in deine innere Kraft leiten und diese wachsen lassen.«

Das Kanalisieren der Naturkräfte ist auch in anderen Heiltraditionen bekannt. In der Akupunktur oder im Qigong geschieht eigentlich nichts anderes, als die Meridiane und Organe wieder mit den kosmischen Kräften aufzufüllen und die verschiedenen Elemente im Körpersystem wieder ins Gleichgewicht zu bringen. Die schamanische Andentradition benutzt dafür weder Nadeln noch bestimmte Bewegungsabfolgen. Ihre Basis für das Kanalisieren von Kallpa ist in erster Linie die liebevolle Beziehung zu Pachamama und die persönliche Kenntnis der Energien, die man selbst durch Initiationen erlangt hat.

Vor dem Aufladen steht immer ein Ausleiten von Hucha. So wird Platz im System geschaffen, sodass natürliche und geordnete Energien wieder hineinfließen können. Wenn deine Energie im Fluss ist, dann wird auch dein Lichtsamen genährt, und deine Seele kann sich entfalten.

Diesen Prozess musste auch ich durchlaufen. Ich habe unzählige Healings bekommen, die mir geholfen haben, meine ganze Hucha auszuleiten. Meine familiären und persönlichen Muster und all die Schocks durch unzählige kleine Unfälle, die sich in meinen fünfundzwanzig Jahren angesammelt hatten, produzierten immer wieder schwere Energie in mir. Das passiert automatisch, wenn man aufgrund solcher Erlebnisse dauerhaft nicht mehr bei sich ist und sich deshalb auch nicht bewusst im Ayni befinden kann. Es war besonders wichtig, diese Hucha immer wieder auszuleiten und mich erneut mit der Kraft der Natur aufzufüllen und in Verbindung zu bringen.

Pachamama beinhaltet unzählige Kräfte, die einen großen Unterschied in unserem Leben, auf unserem Weg und bei unserer Heilung machen können.

»Unsere Vorfahren hatten viel Respekt vor dem Kosmos und eine Verbindung zur Sonne, zum Mond, zu den Sternen und zur Milchstraße. Auch zu den Konstellationen wie dem Kreuz des Südens, das wir ›Cruz de Passion‹ nennen, den Augen des Lamas oder auch der Figur des himmlischen Lamas«, erzählt mir Don Sebastian. »Sie wussten sehr viele Dinge über den Kosmos, denn der Kosmos hat sehr viel Kraft. Es sind Kräfte der Schöpfung – Energien der Schöpfung, wie der Mond oder die Sterne, die dir viel Sami geben«, sagt er.

»Die Sonne wärmt unseren Körper, die Kay Pacha, und sie wärmt auch unsere Herzen. Sie gibt uns sehr viel Freude«, erzählt Don Sebastian weiter. »Dasselbe gilt für den Mond, auch er erhält unsere Balance. Vor Tausenden von Jahren repräsentierte der Mond unsere Sonne. Er war die Sonne für unsere Vorfahren. Wir leben auch wegen des Wind-Elements, das ist Wayra«, fährt er fort. »Du kannst den Wind fühlen, du atmest, so kann diese Energie durch deine Chakren fließen, und danach kannst du sie ausscheiden. Dir wird vielleicht bewusst, dass die Luft oder der Wind eine sehr fließende Energie ist. Sie kann nicht stillstehen. Wenn sie stillsteht, können wir sterben«, sagt Don Sebastian und verdeutlicht damit, wie sehr unser Leben von all diesen Aspekten abhängt.

»Und natürlich hat auch die Energie der Sterne einen Einfluss auf den menschlichen Körper«, fügt er hinzu. »Auch die Sterne bringen uns Licht, sie bringen uns Samen des Lichtes, und die manifestieren sich täglich. Durch was, glaubst du, leben wir? Durch was, denkst du, erwacht unsere innere Kraft? Durch diese Energie der Sterne! Die Sterne sind in permanenter Bewegung. Und die Sterne, die wir sehen können, wie die Augen des Lamas, geben uns innere Kraft.«

Diese innere Kraft, »Kallpa«, ist ein essenzieller Schlüssel, um unseren Lichtsamen im Herzen zu nähren. Der Ladenbesitzer, der mir damals sagte, dass ich Natur bräuchte, wusste das.

- Kallpa heißt »innere Stärke« und »vitale Energie«.
- Kallpa bezeichnet die Kraft natürlicher Energiequellen in ihren unterschiedlichen Qualitäten.
- Kallpa bezeichnet auch dein persönliches Energieniveau und deine Kraft.
- Kallpa beinhaltet kosmische Ordnung und Licht (Sami).
- Du kannst dich mit Kallpa aufladen und dich so physisch ausbalancieren.
- Ausreichend Kallpa ermöglicht dir, dich seelisch zu entfalten.

DIE DREI SÄULEN

der Andentradition

Mit jedem Berg,
mit jedem Fluss,
zu dem wir sprechen,
sprechen wir zu
den Bergen und
Flüssen in uns.

ENTFALTE DEINE
wahre Natur

Um den eigenen Lichtsamen zu nähren und zur Blüte zu bringen, nutzt die schamanische Andentradition verschiedene Wege, die es uns ermöglichen, uns wieder mit der Natur zu verbinden. Die drei grundlegenden Säulen für diese Rückverbindung sind: Zeremonien, Initiationen und die heilige Arbeit mit Steinen (Mesa).

Durch Zeremonien wird unsere Beziehung zu Pachamama gepflegt und Ayni, die heilige Wechselwirkung zu ihr, etabliert. Dazu gehört im Allgemeinen das Widmen von Gaben wie *Haywarikuys* (Despachos) oder Cocablättern. Denn Pachamama versorgt uns mit Energie, sobald wir mit ihr eine Interaktion von Herzen beginnen. Gaben sind die Grundlage, um von der Natur und vom Kosmos Energie zurückzubekommen. Das ist das Prinzip Ayni: Du gibst und es muss irgendetwas zu dir zurückfließen, um die Balance zu wahren. Dieser fließende Austausch ist die Grundlage, um mit der zweiten und dritten Säule zu arbeiten – den Initiationen und der Mesa.

Initiationen, auch *Karpays* genannt, sind die zweite Säule der Andentradition. Durch diese Energieübertragungen integrierst du die verschiedenen Energien des Himmels und der Erde in deinen Kosmos. Diese Energieübertragungen wässern deinen Lichtsamen im Herzen, sodass du eine Blüte und schließlich deinen eigenen Nektar entwickelst. Um als Pampa Mesayok diese Energieübertragungen weitergeben zu können, werden die Medizinsteine einer Mesa benötigt, welche die Energien speichern.

Die Mesa, als dritte Säule, ist ein persönlicher Altar mit Medizinsteinen. In ihr werden Energiequellen Pachamamas und des Kosmos gespeichert, sodass sie dem Mesa-Träger in der persönlichen Heilung zur Verfügung stehen. Die Mesa ist ein kostbares und kraftvolles Bündel, das dich immer wieder mit vitaler Energie (Kallpa), kosmischer Ordnung und Licht (Sami) auflädt. Sie ist auch die Grundlage, um mit anderen Menschen diese Heilarbeit zu teilen und diverse Reinigungs- und Heilungstechniken anzuwenden. Heilung geschieht zwischen der Natur und der betreffenden Person. Die Mesa wird für diese Zwecke vom Mesa-Träger als Kanal zur Verfügung gestellt.

Die drei Säulen bauen aufeinander auf und stehen in einer Wechselwirkung miteinander. Sie haben unterschiedliche Schwerpunkte, und jede Säule hilft dir dabei, deine wahre innere Natur langsam zu entfalten. Es ist ein faszinierendes System, das ich dir in diesem Kapitel näherbringen möchte.

1. SÄULE

Zeremonien – Kommunikation mit der Natur

Das Geheimnis energetischer Verständigung

Die erste Säule beinhaltet die Interaktion mit Pachamama durch Zeremonien. Diese Kommunikation mit der Natur und dem Kosmos bildet die Basis deiner Beziehung zu Pachamama und ist für alle weiteren Säulen die Grundlage. Durch Zeremonien und Gaben erlernen wir die Sprache der Natur. Meist versuchen wir, mit unserem Verstand und unseren Begriffen die Welt zu erfassen und uns in ihr zu bewegen – Zeremonien eröffnen uns ganz andere Dimensionen, einen wahrhaft größeren und umfassenderen Raum an Möglichkeiten

und Verständigungswegen. Hier beginnt eine nonverbale, geistig-energetische Kommunikation mit den immateriellen Bereichen der Kawsay Pacha.
Die Regeln unserer heutigen Gesellschaften und die Fähigkeiten, die wir heute erlernen, funktionieren in diesen Bereichen nicht. An der Verschmutzung unserer Umwelt sehen wir, dass unsere rein materiellen Betrachtungsweisen, Handlungen und Weltbilder mit vielen anderen Lebewesen der Erde nicht im Einklang sind. Die natürlichen Gesetze einer gemeinsamen Lebensgrundlage werden von uns weder ausreichend betrachtet noch eingehalten. Unsere rein materiellen Ansichten sind es auch, die uns den Weg in die immateriellen Bereiche von Pachamama versperren – in ihre inneren und oberen Welten. Wie also sollen wir uns mit unseren Regeln und Auffassungen in einem Territorium zurechtfinden oder gar verständigen, das bisher überhaupt nicht zu unserem Weltbild gehörte?
Im Kapitel »Kawsay – alles ist lebendige Energie« habe ich dir die Kawsay Pacha vorgestellt. Dieses Wissen um die Lebendigkeit aller Dinge bringt die Frage mit sich, wie man mit etwas kommuniziert, das man vorher für ein isoliertes Objekt gehalten hat. Du bist Kawsay, lebendige Energie, und alles um dich herum ebenfalls, also brauchst du nun neue Wege und neues Wissen, um auf dieser energetischen Ebene mit deiner Umgebung und deinen inneren Ebenen in Kontakt zu treten.
Lerne die energetische Sprache der Natur und beginne dann, dein Ayni, deine harmonische Beziehung zum Kosmos aufzubauen.
Zu Beginn meines Weges wusste ich überhaupt nicht, wie ich das machen sollte. Ich beschränkte meinen Ansatz auf die rein physische Welt, in der ich spazieren gehen, Rad fahren und handeln konnte. Aber wie sollte ich mit diesen Instrumenten mein Gleichgewicht, mein Ayni mit der Natur herstellen? Die Paqos ließen mich das Geheimnis ganz langsam entdecken. Ich konnte sie unzählige Male dabei beobachten, wie sie Pachamama Gaben in Form von Cocablättern oder Despachos widmeten. Dabei lernte ich, dass dies nicht nur ein rein physischer Akt war, in dem drei Cocablätter angepustet und abgelegt wurden. Es war auch eine

nicht physische Aktion darin enthalten – nämlich Gedanken und Gefühle, die sich in einer klaren Intention zusammenfügten und der Handlung eine Bedeutung gaben. Diese Energie wurde dann mithilfe des Atems in das Kawsay der Cocablätter integriert. Daher sagen sie auch dazu, dass sie »Cocablätter beten«. Ich hatte einfach nicht bedacht, dass jedes Material auch lebendige Energie enthält.

Die Paqos haben immer beide Welten im Blick – die physischen Begebenheiten und den Energiefluss darin. Die energetische Sprache der Natur zu lernen, beginnt mit dem Erkunden unserer inneren energetischen, nämlich geistigen und emotionalen Welt, *während* wir Handlungen ausführen. Gabenbündel zu erstellen oder Cocablätter zu beten ist die beste Übung, um die eigene Handlung mit einem klaren inneren Fokus zu kombinieren. Wenn ich gedankenverloren in Cocablätter puste und dabei an mein leckeres Mittagessen mit Rotkohl denke, dann wird mein Kallpa (Kraft) in die Vergangenheit zum Rotkohl fließen. Wenn ich aber atme und dabei meine gesamte Liebe für Pachamama fokussiere, dann wird diese Liebe in die Cocablätter fließen. Energie folgt der Aufmerksamkeit, und um unser Ayni mit der Natur zu pflegen, müssen wir auf unseren inneren Fokus während der Handlung achten. Ohne diese innere Klarheit sind unsere Handlungen nicht im Einklang mit uns und damit für das Bewegen von Energie bedeutungslos.

Ein Despacho, ein Gebet oder auch eine alltägliche Handlung kann sowohl kraftvoll als auch belanglos ausgeführt werden. Der Unterschied besteht in der inneren Haltung, die eine Handlung zu einer Zeremonie werden lässt.

Die Begriffe »Zeremonie« und »Ritual« unterscheiden sich dabei grundlegend. Zeremonien sind ein Moment der Feierlichkeit, der inneren Fokussierung und der Erlaubnis, einer einfachen Handlung eine tiefere und weitreichendere Bedeutung zu geben.

Rituale hingegen geben einen festen und strukturierten Rahmen vor. Sie können Teil einer Zeremonie sein, so, wie auch Zeremonien Teil von Ritualen sein können. So ist eine Despacho-Zeremonie ein Ritual, weil es eine feste Struktur hat, und zugleich eine Zeremonie, weil die innere Haltung und die Bedeutung der einzelnen Handlungen viel weitreichender sind als das Befolgen der Struktur. Zeremonien sind also ein innerer, heiliger Zustand. Du kannst in jedem Moment zeremoniell sein, wenn du es möchtest. Dazu brauchst du keine Struktur oder festen Abläufe. Jedes Despacho, jede Meditation, jede Reise oder jede tägliche Handlung erhält eine Bedeutung der Verbundenheit, wenn du dich darin mit Pachamama und dem Universum ausrichtest.

Ich empfinde diesen Unterschied als besonders wichtig, weil er dir die Freiheit und auch die Verantwortung gibt, deine innere Haltung dem Leben gegenüber zu wählen. Rituelle Strukturen sollen nicht deine Authentizität beschränken, gar unterdrücken oder dich in eine Form pressen. Sie sind vielmehr energetische Flüsse, die seit Jahrtausenden von der Erde zum Kosmos und zurückfließen. Du kannst sie mit deinem Boot befahren, die Unterstützung darin erkunden und dich und deinen Platz darin finden.

Despacho-Zeremonien sind einer dieser uralten energetischen Flüsse, die du befahren kannst.

Despacho-Zeremonien

Das Despacho ist eine uralte andine Form des Gebets. Es ist eine Art Mandala, ein materialisiertes Gebet, das aus verschiedenen Zutaten wie Cocablättern, Blüten, Mais, Samen, Süßigkeiten und Figuren achtsam zusammengestellt wird. Im Kapitel »Despacho-Anleitung« findest du eine ausführliche Anleitung für ein Despacho. Gebetet wird mit dem Atem. Jede Zutat des Gebetsbündels wird durch den Atem gesegnet und mit Informationen aufgeladen. Dein Atem ist eine Sprache jenseits von Worten. Sie entspringt direkt der eigenen Essenz, der Seele und birgt absolute Wahrhaftigkeit.

Despacho ist die spanische Bezeichnung und bedeutet auf Deutsch eigentlich »Ausführung« oder »Büro«. Die ursprüngliche Quechua-Bezeichnung ist »Haywarikuy« oder auch »Haywarisqa«, was tatsächlich »Gabe« heißt.

Despacho

Ein Haywarikuy oder auch Despacho genannt, ist ein Gebetsbündel der schamanischen Andentradition. Die bunten Mandalas werden auf Papier gelegt und später verbrannt.

Die ältesten Despachos, die bei Ausgrabungen gefunden wurden, sind ungefähr 3500 Jahre alt und reichen bis in die Prä-Inka-Kulturen 1500 Jahre vor Christus zurück. Die Andentradition hat bis heute das Geheimnis dieser kraftvollen spirituellen Zeremonie bewahrt und sie durch ihre kulturelle Verwurzelung lebendig gehalten. Nicht nur in den Anden finden wir diese Form des materialisierten Gebets. Die bekannten und komplexen Sandmandalas der tibetischen Mönche sind weltberühmt. Auch die kraftvollen Heilzeremonien der Lakota-

Indianer, die sogenannten Sandpaintings, werden noch heute durchgeführt. Diese aufwendigen Sand-Mandalas haben oft einen Durchmesser von mehreren Metern, und die zeremonielle Anfertigung dauert etwa zehn Tage. Auch die Hawaiianer binden kleine Gebetsbündel in Bananenblätter, und in Indien werden jede Woche kleine Puja-Schalen mit orangefarbenen Tagetes und brennendem Kampfer als Gabe in den Ganges gesetzt.

Ein Despacho zu erstellen dauert in der Regel ein bis zwei Stunden, und es wird direkt im Anschluss verbrannt, vergraben oder dem Wasser übergeben.
In einem Despacho werden alle Aspekte der Natur und des Kosmos mit einer Zutat geehrt und bedacht. So ein Mandala spiegelt am Ende deine gesamte Liebe für das Universum wider. Despachos bekräftigen deine Beziehung zur Natur und stärken die Anerkennung deiner Wechselwirkungen und dessen, was du, als segnende Person, bist.
Don Sebastian erinnert sich: »In früheren Zeiten waren sowohl die Älteren als auch die Jüngeren daran gewöhnt, Pachamama mit großem Respekt zu begegnen. Die Menschen aus Cuzco und aus den Bergen und aus dem heiligen Tal der Inkas, wie beispielsweise Ollantaytambo, bedachten Pachamama mit Gaben. Aber heute weiß ich nicht genau, was passiert. Die jungen Leute haben nicht mehr viel Respekt vor Pachamama. Sie möchten noch nicht einmal ein paar Cocablätter für sie beten. Sie vergessen sie.«
Aber Don Sebastian beobachtet auch, dass viele Menschen in den westlichen Ländern ein Interesse entwickeln, diese Beziehung wiederaufzunehmen. »Das sehe und fühle ich mit meinem Herzen«, sagt er. »In Holland habe ich viele Brüder und Schwestern gesehen, die diese Tradition praktizieren. Das erinnert mich an eine Zeit vor vielen Jahren. Im Dorf der Q'ero sind wir immer gemeinsam losgegangen, auch die Älteren mit ihren Frauen, um diese Art der Despacho-Zeremonien für Pachamama und andere Spirits zu machen.«

Die Bewohner der Bergdörfer wissen, dass alle Elemente der Natur, nicht nur Menschen und Tiere, atmen, fühlen und leben. Pachamama, die Apukuna, Seen, Steine und Quellen – alle Aspekte der Natur brauchen Essen, Trinken, Liebe und Beachtung. Alle müssen mit Sensibilität und Bedacht behandelt werden. Es ist eine Ideologie, die Großzügigkeit und Gastfreundschaft enthält und alle Formen von Leben respektiert. Nur dort, wo Respekt besteht, kann ein Weg gefunden werden, gemeinsam zu leben und zu handeln.[8]

Anlässe für Despacho-Zeremonien

Mit Despacho-Zeremonien äußern wir nicht nur persönliche Anliegen und Bitten, sondern etablieren auch immer wieder einen Energiefluss mit dem Kosmos. Despachos werden bei bestimmten jahreszeitlichen Anlässen wie Aussaat und Ernte, der Segnung der Alpakaherden und der Sommer- und Wintersonnenwende gelegt. Viele dieser Anlässe nutzt die Stadtbevölkerung ebenfalls für Despachos. Während der Alpakaherdenhüter hoch oben in den Anden seine Herde segnet, werden in Cuzco Despacho-Kits für das Segnen von neu gekauften Autos erworben.

Es gibt unzählige Formen und Varianten von Despachos. Die meisten Familien kennen diese Form der Gaben für Pachamama und machen an bestimmten Feiertagen ein Despacho. Dabei ist es durchaus üblich, dass es sich dabei um einen katholischen Feiertag handelt und die Familie anschließend in die Messe geht. Oder die Bauern geben eine kleine Gabe, bevor sie die Felder bestellen. Die Verbundenheit mit Pachamama ist eine feste kulturelle Instanz in Peru.

Für ein generelles kulturelles Verständnis ist es wichtig zu wissen, dass die heilige Arbeit der Paqos in der Stadt Cuzco nicht allgemein bekannt ist und die Stadtbevölkerung sehr stark von der Kirche geprägt ist. Sie kennen dort viele Curanderos, also Heiler, Kräuterkundige, Handaufleger, und oft mischt sich die Religion mit den alten Märchen und Legenden der Anden, die in ihrer schauderhaften Mystik den deutschen Märchen um nichts nachstehen. Aber wenn du in Cuzco jemanden nach einem Paqo fragst, wissen die meisten nicht, was die Paqos aus Q'ero tatsächlich machen. Bekannt sind lediglich die Heilungsformen mit Ayahuasca, einer Pflanzenmedizin aus dem Amazonas, die Arbeit mit San Pedro, dem heiligen Kaktus, und das Lesen der Cocablätter als Orakel. Cuzco ist zwar ein spirituelles Zentrum, in dem die indigene Kultur erhalten und weit verbreitet ist, und einige junge Peruaner lernen Yoga und Meditation von Eingewanderten, doch sie kennen die Paqos nicht. Mach dir einfach bewusst, dass du weder die Paqos noch deren Sichtweisen und Spiritualität häufig in Peru antreffen wirst, wenn du dort hinreist. Die Paqos aus Q'ero sind wirklich eine Besonderheit in ihrem spirituellen Erbe – auch für Einheimische.

Die Paqos sind wahre Despacho-Künstler und auch kraftvolle Heiler. Sie bringen sehr viel Sami, Fokus, Intention und einen enorm großen Kosmos in ein Despacho. Es ist wahrlich eine gesegnete Performance, auf welche die Natur unmittelbar reagiert. Sie schenkt Regenbogen, Wolken brechen auf, und die Sonne kommt durch. Auch die Absicht der Paqos für ein Despacho unterscheidet sich von den Despachos der normalen Bevölkerung. So legen sie nicht nur Despachos für ihr persönliches Ayni, sondern auch für die Heilung von körperlichen und seelischen Krankheiten. In diesem Fall werden die Despachos einzeln oder zusätzlich zu anderen energetischen Behandlungen angewendet. Sie sind von großer Bedeutung, um eine seelische Kommunikation und einen Energiefluss zwischen der kranken Person und dem Kosmos wiederaufzubauen. Nur so kann die chaotische und krank machende Energie sich wieder der natürlichen Ordnung anpassen, die der Körper braucht. Es handelt sich also nicht um eine Opfergabe im mystischen Sinne, sondern eher um einen sehr filigranen und weisen Akt der Rückverbindung.

Diese Kontaktaufnahme ist auch für sämtliche Formen von Initiationen essenziell. Vor jedem Karpay, jeder Initiation, wird ein Despacho gelegt. Mit dieser Gabe werden ganz speziell die Kräfte gesegnet, die zu der anstehenden Initiation gehören, um auch hier eine Verbindung und einen Austausch herzustellen. Das kann vieles sein: ein Berg, ein Tempel, die Milchstraße, die Sonne oder andere archetypische Energien. So variieren die Despachos in ihren Farben, Formen und Zutaten. Es gibt mehrere hundert Arten von Despachos.

Ebenso ist es für die Paqos üblich, ein Despacho zu kreieren, wenn sie zu heiligen Orten pilgern. So wird die Reise mit einem Gabenbündel vorbereitet, und am Ziel angekommen wird ein weiteres Despacho für die Spirits der Berge bereitet. Die Zeremonie segnet die Beziehung zwischen den Paqos und dem Ort. Beide werden geachtet und erkannt. Denn im Sinne von Kawsay kann nur erkannt und gesegnet werden, wenn man sich selbst als Kawsay, als lebendiges Wesen anerkennt.

Die Paqos beten mit ihren Despachos für die Balance der Menschheit und des Planeten. Sie wissen um das Ungleichgewicht auf unserer Erde und in uns Menschen. Deshalb pilgern sie auch zu ihren heiligen Bergen und beten, um die kollektive Beziehung zur Natur zu heilen.

»Vielleicht wissen die neuen Generationen nicht mehr, wie man mit Pachamama lebt«, sagt Don Mariano. »In diesen Zeiten geschehen überall auf dem Planeten schreckliche Dinge. Menschen, die sich wegen Kleinigkeiten streiten, Frauen und Männer, die sich umbringen. Wir erschaffen eine Menge Hucha, viel schwere Energie für die Erde«, sagt er.

»Aber wir Älteren, Ahnen, alten Meister, wir arbeiten daran, wir beten und machen Zeremonien, damit auch die Jungen ihre Verbindung mit Pachamama fortsetzen, obwohl sie moderne Menschen sind. Aber letztlich wissen nur Pachamama und der universelle Gott Pachakamaq[9], was in der Zukunft passieren wird.«

Wenn die Berge rufen

Mein erster »Ruf« für eine Zeremonie erreichte mich sozusagen über die modernen Medien. Über Tage hinweg sah ich im Fernsehen immer wieder Reportagen über das Berchtesgadener Land, den Königssee und den Watzmann. In der Tageszeitung und in Magazinen verfolgten mich die Bilder, und immer wieder tauchte der tiefblaue Königssee, der unter dem Watzmann liegt, auf. Die

Wiederholungen waren wirklich sehr auffällig, und ich sagte zu mir: »Madita, ich glaube, du musst da jetzt mal runterfahren und den Watzmann kennenlernen. Pack deine Sachen, deine Mesa und nimm genügend Zutaten für Despachos mit.«

Ich rief meine Freundin Melanie an, die auch bei den Paqos gelernt hatte, und eine Woche später waren wir auf dem Weg zum zweithöchsten Berg Deutschlands am südlichsten Zipfel des Landes. Als wir ankamen, sahen wir sofort, dass wir hier genau richtig waren. Auf einem riesengroßen Plakat am Straßenrand stand in großen Lettern: »Inka – Könige der Anden«. Das Plakat wies auf eine lokale Ausstellung hin, und wir mussten über diesen Wegweiser herzhaft lachen. Ich wollte sofort auf den Berg und setzte meine Freundin in der Stadt ab. Sie würde einen Tag später nachkommen, um mit mir eine Zeremonie abzuhalten. Am Parkplatz angekommen, packte ich meinen Rucksack und machte mich auf den Weg. Es war bereits Nachmittag, und der Aufstieg war mit knapp vier Stunden angegeben. Bald wurde mir jedoch klar, dass ich den Weg völlig unterschätzt hatte und zu viel Gepäck trug. Allein die Steine meiner Mesa brachten gute drei Kilo auf die Waage, dazu hatte ich diverse Despacho-Zutaten eingepackt und einen viel zu großen Schlafsack. Die Sonne färbte die graue Steinwand der Watzmannfrau, die zu meiner linken Seite emporragte, bereits in ein tiefes Orange, und mir blieb nicht viel Zeit, die letzten steilen hundert Höhenmeter zu erklimmen. Ich griff zu meinen Cocablättern, formte aus drei Blättern ein K'intu und betete zum Berg, dass er mich hochtragen möge.

So hatte ich es in den Anden gelernt, als ich meine ersten Pilgerreisen in Höhen bis zu 4800 Metern unternahm. Damals hatte ich enorme Höhenprobleme, während die Paqos mit ihren Sandalen aus alten Autoreifen durch die Berge flitzten. Flink und schnell liefen sie hoch und runter und pausierten dann auf einem Aussichtspunkt, bis die Gruppe der kurzatmigen Europäer endlich aufgeschlossen hatte.

Ich erinnerte mich an jene ersten Tage, zückte meine drei Cocablätter und bat den Watzmann um Erlaubnis aufzusteigen und um Vergebung, seine Kräfte und Wege so unterschätzt zu haben. Mir liefen die Tränen und ich hatte Angst. Ich wäre nicht die erste Person, die ein Kräftemessen mit diesem Stein-Giganten verloren hätte. Immerhin zieren den Watzmann Spitznamen wie »der blutrünstige Watzmann« oder gar »Schicksalsberg«. Viele Bergwanderer und besonders Kletterer sind hier schon ums Leben gekommen. Viele waghalsige Sportler haben seine steile Ostwand in Angriff genommen und nicht geschafft. Ich warf mein K'intu in die Schlucht und setzte meinen Weg fort, formte das nächste K'intu und arbeitete mich betend zum Plateau hinauf. Mit jedem Schritt meiner zitternden Beine wurde mir bewusster, dass nicht der Watzmann brutal war, sondern das Ego und der Größenwahn der Menschen, die sich hier in Gefahr brachten. Eine starke Projektion lastete auf diesem Berg, und die bekam nun auch ich zu spüren – ich bewegte mich in einem Energiefeld aus totaler Selbstüberschätzung und mangelnder Demut.

Der Watzmann war gnädig, die letzten Meter der steilen, eisigen Steinstufen zog ich mich am Stahlseil hinauf. Als ich oben ankam, fiel ich erschöpft auf die Erde, nahm meine Mesa aus meinem Rucksack und dankte dem Apu Watzmann und Pachamama für meine Unversehrtheit.

Ich übernachtete im Watzmannhaus, und am nächsten Morgen meditierte ich mit dem Berg und widmete ihm ein erstes Despacho und eine *Apacheta*, einen Altar aus gestapelten Steinen.

Als am Abend meine Freundin eintraf, öffneten wir unsere Mesas und segneten alle Steine sowie den Berg mit Rotwein. Unsere Glöckchen und murmelnden Gebete schallten durch die Nacht, wir riefen die Kräfte von Pachamama zu diesem Anlass und beteten. Die Energie um uns herum stieg an und verdichtete sich mit jedem Gebet. Sie bekam eine Eigendynamik und nahm uns einfach mit. Irgendwann wurden wir ruhiger und saßen eine ganze Weile schweigend nebeneinander. Wir waren tief berührt. Melanie brach dann das Schweigen.

»Hast du das gesehen?«, fragte sie mich. Ich wusste, was sie meinte.

»Ja«, sagte ich leise. »Du meinst die riesengroßen rosafarbenen Engel um die Watzmannspitze, nicht wahr?«

»Ja«, sagte sie. Und fügte hinzu: »Wie schön und sanft doch dieser Berg in seinem Wesen ist.«
»Ja, ganz weich«, antwortete ich. Mir fehlten die Worte für das, was ich fühlte. Wir saßen noch eine Weile still miteinander und mit dem Berg und gingen dann in die Hütte zum Schlafen.
Am nächsten Morgen stiegen wir den Pfad zum Königssee hinab, der uns nicht minder forderte als der Aufstieg. Wir schafften es mit Demut, K'intus und einer Prise Humor bis zum Ufer des Sees und wollten zur »Eiskapelle« gehen, einem Gletschereingang an der Ostwand, der Rückseite des Watzmann. Wir standen mitten im Geröll, umgeben von meterhohen Felsbrocken, und konnten in der Ferne den Gletschereingang erkennen. Ein eisiger Wind wehte uns aus dem ewigen Eis des Berges entgegen. Mir wurde bitterkalt und mulmig, mein ganzer Körper hatte schon seit Minuten eine Gänsehaut. Um mich herum lagen Felsbrocken, und vor mir ragte die gefährliche Ostwand steil empor. Ich schaute mich um und konnte kaum glauben, was ich spürte. Das ganze Tal war voll mit verstorbenen Seelen. Die Eiskapelle war eine heilige Öffnung des Berges, und hier wurde so viel Hucha verarbeitet, dass es für Menschen schier unerträglich war. All die Todesfälle, die Abstürze, die Einsätze der Bergwacht an dieser Wand hatten ihre Spuren hinterlassen. Dieser Ort war nicht schlecht oder böse. Nein, er hatte seine absolute Daseinsberechtigung, aber mir drehte sich der Magen um, und mein System kollabierte aufgrund der vielen schweren Energie. Ich beschloss, keinen Meter weiterzugehen. Ich wollte hier weg.
Später am Abend machten wir noch eine weitere Despacho-Zeremonie und ehrten die Rückseite des Apu Watzmann. Damit beendeten wir unseren Ausflug ins Berchtesgadener Land und fuhren am nächsten Tag zurück nach Bremen.
Was auch immer es war, was der Watzmann aus unserer Anwesenheit oder unseren Zeremonien zog. Ich kann es nicht genau benennen. Aber ich weiß, dass Despachos die Seele der Natur segnen und ehren, und genau das haben wir getan.

2. SÄULE
Initiationen – der Kosmos in dir

Karpay – deinen Lichtsamen wässern

Die zweite Säule der Andentradition basiert auf dem Lernen und Wachsen durch Initiationen, sogenannte *Karpays,* was übersetzt »wässern, bewässern« bedeutet. Denn die Paqos sagen, dass wir mit Lichtsamen in uns geboren werden, die wachsen und ihr Potenzial entfalten können, wenn sie mit Licht genährt und gegossen werden. In den Initiationen wird dir Sami und Kallpa, also Licht und vitale Energie, aus dem Kosmos übertragen – beides benötigen die Samen und später die kleinen Lichtpflänzchen zum Keimen und Wachsen. In diesem Sinne sind Initiationen Energieübertragungen.

In unserer Kultur gibt es sehr viele Formen von Initiationen als Wachstumsschritt und Neubeginn. Deshalb denken wir bei »Initiation« oft an ein Ritual oder an eine besondere Situation, die wir zum ersten Mal erleben und meistern. Natürlich ist deine erste Übernachtung allein im Wald eine Initiation und die Geburt deines ersten Kindes ebenfalls. Genauso kann alles andere, was du zum ersten Mal tust, aus dem Blickwinkel einer heiligen Initiation betrachtet werden. Diese Sichtweise ist oft hilfreich, um die eigenen Wachstumsschritte zu würdigen und in Zeiten neuer Herausforderungen sanft mit sich selbst umzugehen.

Bei den Karpays der Paqos bekommst du zum ersten Mal eine bestimmte Energie übertragen, diese Initiationen basieren jedoch nicht auf Lebensabschnitten oder auf neuen Lebenssituationen. Ein Karpay ist die energetische Übertragung einer oder mehrerer Energiequellen, er ist filigran, sanft und schön in seiner Magie. Die Paqos stellen dir einen Teil ihres Kosmos vor, als würden sie dich mit einem sehr nahen Freund bekannt machen. Ihre persönliche Liebe zum Kosmos und ihr tiefes Vertrauen in diese Energiequelle erlauben, dass genau diese Energie in deinen Kosmos fließt. Dabei spürst du diese Kraft und deine emotionale und körperliche Reaktion darauf auf deine Art und Weise. Du lernst diese Energie kennen – wie sie sich anfühlt und was sie mit dir macht. Ab diesem Moment kannst du lernen, dich in Meditationen selbst mit dieser Energie zu verbinden. Energetisch ist dieses Kennenlernen so, als ob du die Telefonnummer eines neuen Bekannten bekommst und nun weißt, wie du ihn erreichen kannst.

Die Andentradition unterscheidet zwischen Karpays einer einzigen Energiequelle, ganzen Karpay-Reihen und dem *Hatun Karpay*. Karpays einer Energiequelle sind in der Regel einzelne Sterne oder Sternbilder. Karpay-Reihen bestehen häufig aus sieben Initiationen einer komplexeren Energiequelle, wie beispielsweise den Plejaden. Diese und auch die einzelnen Karpays werden in Peru im Freien, an Kraftorten oder in Tempeln gegeben. Man pilgert in der Absicht zu diesem Ort, dort Pachamama um das Empfangen der Energien zu bitten. Vor einer Initiationsreise wird den Energiequellen immer ein Despacho gewidmet, um Ayni zu etablieren.

Die Energien werden meist mit den Händen und dem Atem in deinen Körper übertragen. Wo die Hände platziert werden und die Energie hineingepustet wird, hängt von den einzelnen Karpays ab. Jede Energiequelle ist mit einem anderen Teil deines Körpers verbunden. Häufig werden für die Übertragungen auch die sieben Chakras verwendet. Viele Karpays werden aber auch mit einzelnen Steinen einer Mesa gegeben, denn diese speichern die Energien.

Ein einzelner Karpay ist beispielsweise der »Kinsa Chata Chaska Karpay«, der die Sternenenergie des Oriongürtels trägt. Der Gürtel des Orion besteht aus drei Sternen, wie du ihn auch in der goldenen Tafel von Qorikancha gesehen hast. Diese drei Sterne sind mit deinem unteren Rücken, der oberen Kante deiner Beckenschaufel verbunden – einer links, einer rechts und einer in der Mitte deiner Wirbelsäule. Sie tragen ein starkes Licht, das dich besonders gut erdet. Der linke Stern reinigt dein Unterbewusstsein, der mittlere Stern stärkt die Qualitäten deiner Seele und der rechte Stern reinigt deinen Seelenweg, haben mich die Paqos gelehrt. Was das genau bedeutet, ist nicht allgemeingültig und kann nur von dir selbst herausgefunden werden.

Um diese Energie nun zu empfangen, musst du dich auf den Bauch legen, und die Paqos beten und meditieren eine ganze Weile, während sie neben dir sitzen. Sobald sie ihre Verbindung zum Gürtel des Orion aufgebaut haben, wird die Energie mithilfe des Atems in diese drei Punkte deines Rückens gepustet. Für die Paqos sind die Sterne eine sehr bedeutsame Energie, denn sie schenken uns täglich Licht und Lebensenergie. Viele für uns und unsere Lichtsamen wichtige Sternenkonstellationen werden durch derartige einzelne Karpays übertragen.

Eine ganz wundervolle Karpay-Reihe sind die sieben weiblichen Initiationen, die *Ñusta Karpay*. Hier wirst du mit sieben unterschiedlichen weiblichen Energien der Erde verbunden. Diese sieben *Ñustas* nennen die Paqos liebevoll die »Prinzessinnen der Anden«. Denn eine *Ñusta* ist eine weibliche Göttinnen-Energie der Erde, die ihren Ursprung entlang der Anden von Peru bis Bolivien hat. So gibt es bestimmte Berge und Berglagunen, die mit den *Ñustas* verbunden sind. Aber auch in nahezu jedem Inkatempel findet man kleine Wasserläufe und Brunnen, die den *Ñustas* gewidmet sind, denn diese weiblichen Energien sind alle mit dem Element Wasser verbunden. Sie unterstützen nicht nur dich, sondern auch unsere Erde bei der Transformation und Heilung. Die weibliche Kraft der *Ñustas* hilft dir, dein Herz weicher werden zu lassen und die harte Schale aus Konzepten und Verletzungen zu schmelzen. Die *Ñusta* Karpay bieten in unserer jetzigen Zeit der Verhärtung und Entfremdung eine wichtige Balance.

Diese Initiationen werden hauptsächlich mit *Chumpi Khuyas* (Chumpi-Steinen) in die sieben Chakras übertragen. Chumpi-Steine sind speziell geschnitzte

Steine aus Alabaster oder Meteorit, die mit Symbolen verziert sind. Die *Ñusta*-Karpay-Energieübertragungen helfen dir, deine Chakras zu reinigen, Sanftmut, Gnade, Mitgefühl, Wahrhaftigkeit und Selbstliebe zu entwickeln. Sie bringen dich nach Hause und zeigen dir das Gefühl von Demut, aus dem die Verbindung mit der Natur entsteht. Die *Ñustas* balancieren die Energien unserer hektischen und in Abtrennung lebenden Gesellschaft aus. Sie führen uns sanft zurück in unser Herz. Einige dieser *Ñusta*-Energien werden auch mit Federn und Blütenwaschungen übertragen. Die *Ñusta Karpay* können als Initiationsreihe an mehreren Tagen hintereinander durchlaufen werden. Dabei machst du deine ganz eigenen Erfahrungen mit den jeweiligen weiblichen Energiequalitäten.

Grundsätzlich können Initiationen von jeder Person empfangen werden. Für den einen sind sie der Beginn einer Reise mit der Andentradition, für den anderen lediglich ein wichtiger Zwischenstopp auf einem anderen Weg. Diese indigene Tradition ist offen für alle Menschen, die diese Erfahrung mit der Natur machen möchten, unabhängig von der Religion.

In der Andentradition gibt es sehr viele Initiationsreihen und Initiationen. Jede für sich hat sehr heilend auf mich gewirkt, und keine ist wichtiger als die andere. Deshalb möchte und kann ich dir keine bestimme Initiation besonders empfehlen. Mit jedem Karpay stärkst du dein Kallpa und wässerst deinen Lichtsamen, wirst größer, liebevoller und beginnst, deine Wahrhaftigkeit zu spüren. Die kosmischen Energien, mit denen die Paqos schon seit sehr vielen Generationen arbeiten, sind allesamt bedeutsam. Ich bin immer wieder fasziniert davon, wie weich und ausbalanciert sich mein Körper hinterher anfühlt. Karpays sind nicht nur ein kurzfristiger Effekt – sie beschränken sich nicht auf eine sofortige Harmonisierung deines Energiekörpers. Sie wässern deinen Lichtsamen, und das bedeutet, dass du einen Veränderungsprozess beginnst, der sich über mehrere Wochen oder Monate erstrecken kann. Denn um in dein Potenzial und die

Verkörperung deiner wahren Natur hineinzuwachsen, triffst du natürlich auf deine Blockaden, die dich bisher davon abgehalten haben. Das sind Glaubenssätze über dich und das Leben, die dich kleinmachen, vererbte Traumata und emotionale Speicherungen, Ängste, ein unausgeglichener Lebensstil und unreflektierte Reaktionsmuster. Was auch immer als Nächstes bei dir aufgelöst werden will, es wird sich mithilfe der Karpays zeigen. Du bekommst die nötige Energie und die fehlenden Zutaten, um dein Universum in Bewegung zu bringen und die nötige Distanz zu deinen Emotionen zu finden. Ein Karpay wird dich nicht ins Chaos stürzen. Ich vergleiche diesen Heilungsprozess eher mit dem Wachstum einer Blume. Diese schießt auch nicht vulkanartig aus dem Boden und bringt Häuser zum Einsturz. Nein, ganz sanft, Stück für Stück, keimt sie, entwickelt Blätter, wächst und bereitet sich auf ihre Blüte vor. Und dann geht diese Blüte auf, und sie sieht wunderschön aus und leuchtet.

So arbeiten Karpays mit dir und deinem Energiefeld. Sie sind nicht nur eine wunderschöne und ganz direkte Erfahrung zwischen dir und dem lebendigen Kosmos, sondern eine enorme Hilfe bei deiner seelischen Reise.

Hatun Karpay – die große Initiation

Die größte und wichtigste Initiationsreihe ist der Hatun Karpay, die »große Initiation«. Sie umfasst drei aufwendige Initiationen, in denen die drei Hauptzentren deines Körpers aktiviert werden – Herz, Kopf und Bauch. Dieser Karpay wird nicht wie die anderen Karpays in einer Gruppe gegeben, sondern in einer ruhigen Einzelsitzung, denn seine Übertragung benötigt ungefähr zwei Stunden.

Der Hatun Karpay beginnt mit dem *Munay Karpay*, der Heilung deines Herzzentrums. Nach etwa einem Jahr kann dann der *Yachay Karpay* empfangen werden, bei dem dein Kopfzentrum für Klarheit, Intuition und eine größere Perspektive harmonisiert wird. Der dritte Karpay ist der *Llank'ay Karpay*. Er balanciert dein Bauchzentrum, deine physische Kraft und Handlungsfähigkeit – er integriert deine Herzensqualitäten und deine erworbene Klarheit in dein alltägliches Handeln.

Diese drei Initiationen zu durchlaufen, kann zwei bis vier Jahre dauern. Sie sind sehr kraftvoll und entfalten sich langsam und sanft in deinem Leben. Grundsätzlich kann jede Person den Hatun Karpay empfangen. Es gibt keine Vorbedingungen.

Durch die Integration verschiedener kosmischer Energien in deine drei Zentren werden Blockaden gelöst, und ein freier Energiefluss wird initiiert. Eine Weiterentwicklung deiner Persönlichkeit sowie das Hervortreten deiner inneren wahren Natur werden dabei gefördert. Du gehst dabei eine Synergie mit dem Kosmos ein. Es braucht Zeit, um diese Impulse im alltäglichen Leben umzusetzen, und Raum für die nötigen Erkenntnisschritte, die sich in der Integrationszeit zeigen. Ich habe bei meiner ersten Hatun-Karpay-Reihe drei Jahre zur Umsetzung und Verarbeitung benötigt. Und es war eine wundervolle Zeit, in der sich Veränderungen und Einsichten sanft und kontinuierlich in meinem Leben zeigten. Es ist ein Prozess des Vertrauens und der liebevollen Fürsorge für dein heranwachsendes Lichtpflänzchen, von dem du nicht weißt, was es einmal werden wird. Du pflegst es und staunst, was daraus erwächst.

Der Hatun Karpay wird nach den ersten drei Initiationen jährlich aufgefrischt durch den *Mosoq Karpay*. »Mosoq« heißt »neu« und »Erneuerung«. Diese jährliche Erneuerung ist wie eine Art Update.

Jeder Paqo durchläuft den Hatun Karpay, wenn er beginnt, Steine für seine eigene große Mesa zu erarbeiten, und empfängt den Mosoq Karpay regelmäßig. Du benötigst diese Ausbalancierung der drei Zentren, um eine starke Erdung und Stabilität herauszubilden. Um Verwirrungen zu vermeiden, möchte ich an dieser Stelle erwähnen, dass der Begriff »Hatun Karpay« in anderen Andentraditionszweigen auch für andere Initiationsreihen benutzt wird. Initiationen spielen auf diesem spirituellen Weg eine wichtige Rolle für dein Wachstum und deine Entwicklung. Ich habe bereits bei winterlichen Temperaturen im Bikini in holländischen Kanälen gestanden und mich mit roten und weißen Blüten

waschen lassen, um die verschiedenen Qualitäten des Wassers kennenzulernen. Diese Erfahrung war genauso kraftvoll wie der Karpay nach dem Eisbad in der Berglagune auf fünftausend Metern Höhe in den Anden. In Peru werden Karpays und Heilungen immer in der Natur übertragen. Es gibt dort viele ungestörte Orte in der Nähe großer Tempelanlagen, wo in Ruhe für ein bis zwei Stunden gearbeitet werden kann. Die Karpays in der Natur sind wirklich fantastisch. Nach einem zweistündigen Hatun Karpay in Ollantaytambo, dem Sonnentempel in der Nähe von Cuzco, sagte Don Hernan einmal zu mir, dass die Natur immer an den Heilungen und den Karpays beteiligt sei. Und sie könne viel besser mitwirken, wenn wir uns in der freien Natur befinden. Der Wind könne unsere Hucha sanft vom Körper wehen, der über uns fliegende Kolibri berühre unseren Nektar im Herzen und der Kondor am Himmel bringe uns eine höhere Vision für unsere Heilung und unseren Seelenweg.
Pachamama hilft uns immer und überall, wenn wir es zulassen.

3. SÄULE
Mesa – die heilige Arbeit mit Steinen

Die dritte Säule der Andentradition basiert auf der heiligen Arbeit mit Steinen. Das Erarbeiten und Pflegen von eigenen Medizinsteinen ist eine Besonderheit dieser schamanischen Tradition. Die sogenannte Mesa ist ein Bündel, das aus verschiedenen Steinen und heiligen Objekten besteht. »Mesa« kommt aus dem Spanischen und heißt »Tisch«. Es kann aber auch von dem spanischen Wort

»Misa« abgeleitet werden, das die »Messe« im kirchlichen Sinne bedeutet. Je nach Paqo und nach Familientradition werden unterschiedliche Begriffe verwendet, man hört Varianten von »Mesa«, »Misa« oder »Misha«. Ich benutze die Bezeichnung »Mesa«.

Eine Mesa ist ein kraftvoller natürlicher Altar und besteht aus Steinen, die verschiedene irdische und kosmische Energiequellen repräsentieren. Die Steine stehen nicht nur symbolisch für diese Energiequellen, sondern sind tatsächlich energetisch mit ihnen verbunden. Das kannst du dir wie eine Verbindung durch Lichtfäden vorstellen. So, wie du Verbindungen zu den Mitgliedern deiner Familie und deinem Geburtsort hast, so haben auch die Steine mehrere Verbindungen.

Die Steine in einer Mesa heißen *Khuyas*. Das Quechua-Wort »Khuya« bedeutet »Hingabe« und »liebevolle Beziehung«. Ein Khuya ist also ein Stein, der mit Hingabe versorgt und geliebt wird. »Gewöhnliche Steine« heißen auf Quechua »Rumi«. Ein Rumi wird zu einem Khuya, wenn er in einer liebevollen Zeremonie eingeweiht und mit einer Energiequelle verbunden wird. Diese Zeremonien sind sehr berührend. Die Steine werden auf einem gewebten Zeremonietuch platziert, mit Blumen, Kräutern oder auch Konfetti geschmückt und dann wird mit einer Blüte Rotwein oder Schnaps aufgetupft. Dabei werden Gebete gesprochen, und es wird die Energiequelle gerufen, die sich mit diesem Stein verbinden soll. Indem sie auf diese Art und Weise gefüttert werden, erwachen die Rumis und werden zu Khuyas, die dir ab sofort ihre Fähigkeiten zur Verfügung stellen, so, wie du ihnen deine Liebe zur Verfügung stellst. Denn ein Stein wird besonders durch deine Liebe zu einem Khuya. Ein Khuya ist also ein erwachter Stein, mit dem man eine Beziehung eingeht.

Steine auf diese Weise zu behandeln, ist in unserer Kultur nicht üblich. Wir haben ein völlig anderes Bild rund um die Realität der Natur. Für uns ist die Natur

Mesa

Die Medizinsteine einer Mesa werden traditionell in einer bunt gewebten Mestana verpackt. Die Muster in diesem Zeremonietuch symbolisieren die verschiedenen Aspekte des Kosmos. Die Mesa wird mit einem Watana zugebunden. Die bunten Farben des Bands stehen für den Regenbogen, die weißen Perlen für die Sterne.

zwar irgendwie auch lebendig, aber in unserer Vorstellung nicht so sehr wie wir selbst. Wir machen einen Unterschied zwischen uns, den Tieren und dem Rest der Natur. Ein Baum ist eben ein Baum, und eine Pflanze ist eine Pflanze. In beiden fließt zwar Lebenskraft, aber sie können nicht wirklich ein Bewusstsein haben, nicht fühlen, nicht denken. Das Konzept der Kawsay Pacha, dass alles lebendig ist, gibt es in unserer Kultur nicht, und die Möglichkeit, mit Pachamama oder einem Stein eine persönliche Beziehung zu haben, scheint absurd. Dies drückt sich auch in Redewendungen aus. An einem Unterrichtsmorgen mit den Paqos wurde die Gruppe gefragt, wie sie geschlafen hätte. Jeder durfte von seiner Nacht berichten, denn Träume spielen für die Paqos eine enorm wichtige Rolle in der Deutung einer persönlichen Entwicklung. Als ich an der Reihe war, sagte ich, ich hätte geschlafen wie ein Stein. Daraufhin schauten mich die Paqos grinsend an, und ich bemerkte die Ironie und den Widerspruch in meiner Aussage als Mesa-Trägerin. »So, so, du hast also geschlafen wie ein Stein. Das ist wirklich sehr interessant.« Alle brüllten vor Lachen, und mir wurde einmal mehr bewusst, wie sehr unsere kulturelle Prägung unser Unterbewusstsein durchdringt. Ich war in meiner

Mesa-Blessing

Die Khuyas einer Mesa werden liebevoll gepflegt und mit Blüten und Rotwein gesegnet.

Aussage überhaupt nicht achtsam gewesen und hatte einfach losgeplappert, ohne groß nachzudenken. Seitdem überprüfe ich Redewendungen und Gepflogenheiten und gleiche ihren Grad der Wahrheit mit meinem jetzigen Weltbild ab. Es ist unglaublich, wie viel ich nach langen Jahren des Trainings mit den Paqos revidieren kann. Meine Wahrnehmung der Natur hat sich grundlegend verändert. Diese Veränderung ist ein schleichender, zunächst unbewusster Prozess, und plötzlich passiert etwas, was diese Veränderung belegt.

Steine schlafen jedenfalls nicht. Im Gegenteil, sie sind sogar sehr bewusst und lebendig. Wenn dir Khuyas einer Mesa in einem Healing auf den Körper gelegt werden, wird dies besonders deutlich. Die Steine beginnen nämlich, mit deinem Körper zu kommunizieren und ihn auszubalancieren, was sich durch Wärme, Kälte, Schmerzen oder Wohlbefinden bemerkbar macht. Und das alles tun sie in ihrer eigenen nonverbalen Intelligenz. Was also soll ein Erkennungsmerkmal für ein lebendiges Wesen sein? Sind es Beine oder eine bestimmte Beweglichkeit? Sind es Augen oder hörbare Laute? Ist es eine Atmung und ein Herzschlag? Oder vielleicht ein Stoffwechselprozess?

Du siehst, wie beschränkt unsere Vorstellung von Lebendigkeit oder Bewusstheit sein kann. Steine schlafen nicht. Sie sind großartige Wesen mit enormen Speicherkapazitäten. Vor viereinhalb Milliarden Jahren war unser Planet ein heißer, eiförmiger Klumpen Gesteinsmaterie in einer Methangaswolke. Im Laufe der Jahrmillionen kühlte die Erde ab, Magma wurde zu Steinen, diese zu Kontinenten und drum herum sammelte sich das Wasser in den Ozeanen. Jeder Stein auf diesem Planeten hat diesen gesamten Prozess durchlaufen. Im Vergleich dazu ist der Zeitraum, in dem wir Menschen existieren, nur ein kleiner Seufzer im großen kosmischen Atemzyklus.

Überall, auf dem Festland und in den Tiefen der Ozeane, sind Steine zu Hause. Kleinste Steine in Form von Sand und sehr große Steine wie die unzähligen Berge und Gebirgszüge. Die Berge, Apukuna, sind die größten Steine dieser Erde. Das Wort »Apu« spiegelt diese Würde in der majestätischen Anrede »Lord« oder »Herr« wider. Apukuna können auch weiblich sein, und die Quechua-Bezeichnung drückt bereits die Größe und Erhabenheit dieser riesigen Wissensspeicher und großartigen Wesen aus. Die ganzen Schichten, die ein Berg in sich trägt – unterschiedliche Gesteinsarten, vielleicht sogar Erze und Kristalle, in Gesteinsschichten aus verschiedenen Zeitperioden –, sind Milliarden Jahre alt und haben die gesamte Geschichte des Planeten Erde miterlebt. Sie tragen diese Erinnerungen und Informationen in sich und geben sie auch preis, wenn man sich auf ihre Ebene begibt und lauscht.

Steine sind tatsächlich bewusste Wesen, mit denen wir Begegnungen haben können. Ich hatte bereits viele davon, allein dadurch, dass ich mit einem Medizinbündel aus Steinen arbeite. Aber eine Begegnung war ganz besonders beeindruckend.

Ein Meer von Weisheitshütern

Ich wohne außerhalb der Stadt und kann trotzdem einige Supermärkte und Einrichtungen gut mit dem Fahrrad erreichen. Vor einigen Jahren war ich im Sommer gerade auf dem Weg zum Schwimmbad, neben dem kürzlich ein neuer

Discounter gebaut worden war. Als ich mich dem Gebäude näherte, staunte ich nicht schlecht. Von dem neuen Kundenparkplatz vernahm ich eine Art lautes Gemurmel – es klang in meinem Körper, gar nicht unbedingt in meinen Ohren. Es hörte sich an, als wäre eine große Versammlung zugange. Ich wurde innerlich ganz wach, obwohl ich noch gar nicht in das kalte Becken des Schwimmbades gesprungen war. Überall waren faustgroße, hellgraue Granitsteine auf länglichen Verkehrsinseln verteilt. Sie säumten den gesamten Parkplatz ein. Dort lagen Tausende von Granitsteinen, die wunderschön in der Sonne glänzten und funkelten. Sie waren es, die ich hörte, die vor sich hin murmelten. Ich konnte nicht an mich halten und begrüßte dieses Meer von Weisheitshütern voller Freude, und gleichzeitig beobachtete ich mich selbst bei dieser wirklich skurrilen Aktion. »Oh, wie schön! So viele von euch hier. Herzlich willkommen, ihr tollen Granitsteine.« Ich stieg vom Fahrrad und berührte ein paar der funkelnden Steine. »Wie schön, dass ihr da seid«, sagte ich. Und in meinen Gedanken formten sich viele Sätze, die ich den Steinen nur über meinen Atem und in keiner logisch nachvollziehbaren Reihenfolge entgegenbrachte. Ich dachte diese Sätze noch nicht einmal zu Ende, und dennoch waren die Mitteilungen komplett. Eine typische Art der Naturkommunikation – man versteht sich, kann es aber nicht logisch nachvollziehen. Es ist einfach eine Verbundenheit da, in der man aber auch klare Botschaften bekommen kann. Ich kann in Gedanken fragen, woher die Steine kommen, und werde vielleicht keinen konkreten Ortsnamen erhalten. Dafür sehe ich aber vor meinem inneren Auge den Steinbruch. Ich fühle dann diesen Ort und würde ihn vermutlich wiedererkennen und mich an das Gefühl erinnern, sollte ich einmal an genau diesem Steinbruch vorbeikommen. Mein System speichert automatisch die Information der Steine, wie es dies auch mit der Energie der Weser getan hat, die ich in der Fulda wiedererkannte.

Ich stand auf, ließ meinen Blick noch einmal über den gesamten Parkplatz schweifen, der mir nun richtig leuchtend erschien. Ich wusste, dass die Weisheit der Steine dort jeden Einkäufer unbewusst informieren würde – jeder Parkende würde energetisch mit ihnen und ihren Urgeschichten in Kontakt kommen.

Ebenso würden die Steine nun beginnen, die Geschichten der Menschen, die dort verkehrten, zu speichern. Die frisch abgebauten Steine brachten eine gewaltige Natürlichkeit an diesen Ort. Sie fühlte sich rein, wild und ungezähmt an und ließ meine Augen leuchten.

Aufbau einer Mesa

Grundsätzlich gibt es verschiedene Mesas. Es gibt kleinere Steinsammlungen, die für ganz bestimmte Karpay-Reihen benutzt werden, wie beispielsweise die *Chumpi-Mesa*. Sie besteht häufig aus sieben Chumpi-Steinen, die – wie bereits erwähnt – auch für die Ñusta Karpay verwendet werden. Solche »kleinen Mesas«, die im Rahmen von Initiationen oder Initiationsreisen erstellt werden, enthalten die Süße der empfangenen Karpays und helfen dir, dich zu Hause weiterhin damit zu verbinden.

Es steht dir immer frei, bei dem Empfangen von Karpay-Reihen ebenfalls Steine zu initiieren oder die Energieübertragungen einfach als reine Erfahrung mitzunehmen. Für die Paqos ist es selbstverständlich, Steine zu segnen, damit diese sie auf ihrem weiteren Weg unterstützen. Bereits ein einzelner Stein, der im Rahmen einer Zeremonie gesegnet wurde, ist eine Mesa. Die Bezeichnung »Mesa« kann also grundsätzlich für alle Arten von heiligen Steinbündeln verwendet werden.

Neben den »kleinen Mesas« gibt es in der Andentradition eine große »Haupt-Mesa«. Um eine Mesa zu erstellen, brauchst du die Begleitung eines Paqos oder eines erfahrenen Mesa-Trägers als Lehrer. In Peru werden die Mesa-Schüler von verschiedenen Paqos, die auch Familienmitglieder sein können, über Jahre hinweg begleitet. Hier in Deutschland und Holland gibt es mittlerweile Kurse, in denen du deine Mesa zusammenstellen und die energetische Heilarbeit damit erlernen kannst. Diese Begleitung ist wichtig, denn mithilfe des Lehrers werden deine neuen Steine mit den jeweiligen Energiequellen verbunden. Das ist die Tradition und die rituelle Struktur, die hier wieder einen uralten Fluss bildet, den du mit deinem Boot befahren und entdecken kannst.

Bei der konkreten Zusammensetzung dieser Mesa gibt es diverse Unterschiede zwischen den einzelnen Regionen Perus und den Mesa-Traditionen. In einigen Varianten repräsentieren die Steine die Erinnerung an geheilte Verletzungen oder die Verbindung zu unterschiedlichen Krafttieren. In der Tradition der Paqos aus Q'ero, in der ich unterrichtet wurde, repräsentieren die Steine die universellen Kräfte der Kawsay Pacha. Jeder einzelne Stein ist mit einer oder mehreren dieser Energiequellen verbunden.

Eine Haupt-Mesa besteht aus dreizehn Steinen. Die Zahl Dreizehn steht für den weiblichen Mondzyklus. Es gibt eine klare Struktur für diese Mesa, wobei es bei der Auswahl der Steine einen sehr großen Spielraum gibt. Nur wenige Überlieferungen bestimmen die Farbe, Beschaffenheit oder Herkunft eines einzelnen Steins. So eignen sich beispielsweise schwarze Steine aus einem Fluss besonders gut zum Reinigen. Auch ist die Bedeutung der Khuyas in jeder Mesa seit Jahrtausenden gleich. Genau das macht sie so kraftvoll.

Die Haupt-Mesa beinhaltet Energiequellen, die von größter Bedeutung für unsere Balance sind. Vier Steine verbinden dich beispielsweise mit den vier Himmelsrichtungen und ihren Archetypen. Weitere Steine verbinden dich mit den Bergen, mit Pachamama und uralten, von den Inka-Vorfahren überlieferten Lichtquellen. Der dreizehnte Stein ist der sogenannte Pacha Estrella (Stern), der Linienstein, der dich mit den Paqos, dieser Tradition und deinem Seelenstern verbindet. Dies ist der einzige Stein, den du dir nicht selbst aussuchst, sondern den dir dein Lehrer ganz zum Schluss überreicht. Jede Mesa birgt eine komplette Kosmologie in sich!

Eine Haupt-Mesa zu erstellen, dauert zwei bis drei Jahre. In dieser Zeit kommen nach und nach immer neue Steine hinzu. Diese Steine triffst du auf Wanderungen, an Orten oder manchmal auch im Steine-Shop. Dann entscheidest du, ob diese Steine zu Mesa-Khuyas werden. Jedem Mesa-Stein sind unterschiedliche Positionen am Körper zugewiesen. Das können die Hände, der Bauchnabel, die Stirn, dein Hals oder dein Herz sein. Zu den einzelnen Khuyas der Mesa gibt es unzählige Übungen und Techniken, um die jeweiligen Energien zu kanalisieren und auf den Körper zu übertragen. Du kannst sie über viele Jahre hinweg lernen und verfeinern. Die Wirkungen werden von dir selbst erforscht, denn der Weg mit einer Mesa ist ein Weg des Fühlens. Besonders das Wiederentdecken unserer Fähigkeit, die Welt der lebendigen Energien zu fühlen, ist ein ganz persönlicher Entwicklungsschritt beim Erstellen einer Mesa. Wie fühle ich einen Stein? Was macht er mit mir, wenn ich ihn auf meinen Kopf lege? Was macht er mit mir, wenn ich ihn auf mein Herz lege? Werde ich ruhiger oder wühlt er mich auf? Entspannt sich meine Stirn oder doch mein Bauch? Werden physische Blockaden in mir aktiviert oder beruhigt?

Jeder Stein deiner Mesa ist mit einem neuen Wachstums- und Heilungsprozess für dich verbunden. Du beginnst, dein Universum zu erweitern und auszudehnen. Du öffnest dich für die Naturkräfte, lädst dich mit ihnen auf und schiebst innere Veränderungen an.

Vielleicht ahnst du bereits, wie großartig und kraftvoll das Geschenk ist, das in so einer Mesa steckt! Deine Steine werden zu deinen Lehrern.

Deinen Steinen begegnen

Wenn du damit beginnst, eine eigene Haupt-Mesa zusammenzustellen, dann ist es an der Zeit, die richtigen Steine zu treffen, sagen die Paqos. Mit »treffen« meinen sie nicht »suchen und mitnehmen«, sondern der Stein erweckt in der Natur unsere Aufmerksamkeit, und es findet eine Begegnung statt. Dabei kann es sein, dass der Stein nicht unbedingt deine Lieblingsfarbe hat, oder eine Form, die du gerne magst. Aber er fühlt sich in deiner Hand unglaublich gut an. Formen, Größen und Herkunft der Steine variieren von Person zu Person. All das macht jedes Bündel einzigartig und spiegelt den individuellen Nektar einer jeden Person.

Es gibt viele Geschichten über Mesas. Über Steine, die verschwanden oder bei tiefen Heilungen zerbrachen. Und über Steine mit tierähnlichen Formen, die am Fuß heiliger Berge gefunden wurden. Ich habe einige Initiationsgeschichten der Paqos gehört und bin tief beeindruckt von den sehr persönlichen Erlebnissen. Nicht selten werden potenzielle Paqos direkt vom Blitz eingeweiht, wie es bei Don Sebastian der Fall war. Oftmals finden sie dann nach ihrer Rückkehr in diese Welt einen oder mehrere besondere Steine neben sich. Diese sind dann Geschenke des Kosmos für die Mesa.

Ich selbst konnte mich schon als Kind für Steine begeistern und hatte mit elf Jahren eine beachtliche Sammlung zusammengetragen. Viele davon waren Edelsteine, Halbedelsteine und Kristalle, ich hatte aber auch Steine mit besonderen Formen, die mir in Urlauben begegnet waren. Damals suchte ich mehrere Stunden am Strand Steine und hatte oft so viele gesammelt, dass ich nicht alle mit nach Hause nehmen konnte. Versteinerte Seeigel, Feuersteine und diverse Steine, deren Farben im Meereswasser besonders schön aussahen. Ich las verschiedene Bücher zum Thema »Heilen mit Steinen« und legte nicht nur regelmäßig Steine auf meinen Körper, sondern baute auch in der Schule bei Klassenarbeiten eine ganze Batterie von Steinen auf meinem Tisch auf. Andere Kinder stellten ihre Plastikponys oder persönlichen Glücksbringer auf und ich errichtete ein regelrechtes Stonehenge. Damals dachte ich auch, ich könnte mit den Steinen sprechen und mit ihnen das Wetter und den Wind beeinflussen. Ein paar Jahre später, mitten in der Pubertät, kamen mir diese Fantasien mehr als realitätsfern vor. Heute weiß ich, dass diese Dinge durchaus möglich sind, und erlebe immer wieder die erstaunliche Kooperation der Paqos mit der Natur. Nicht selten beginnen wir eine Zeremonie im dichten Nebel der Anden und nur wenige Minuten später lichten sich die Wolken und geben den Blick auf einen von der Sonne angestrahlten Berggletscher frei.

Viele Kinder lieben das Spiel mit den Steinen. Vielleicht hast auch du früher Steine gesammelt. Ich suche heute immer noch gerne nach besonderen Steinen am Meer oder in den Bergen, aber ich nehme sie nicht mehr mit, sondern freue mich über den Fund, segne ihre Schönheit und lege sie wieder zurück. Oder ich baue eine Apacheta, indem ich viele Steine übereinanderstaple, sie mit Gebeten segne und einen Turm damit errichte. Wenn mehrere Mesa-Träger für ein Ereignis zusammenkommen, dann legen wir alle Mesas übereinander und bauen damit eine sehr kraftvolle Apacheta, die wir zum Ende der Zeremonie wieder auflösen. Das macht Spaß und ist eine Mischung aus tiefem Respekt der Natur gegenüber und kindlichem Spiel.

Apacheta

Eine Apacheta bündelt deine Gebete in einem Turm aus Steinen. Sie wird zu Ehren der Steine und der Berge errichtet.

Mesa-Apacheta

Wunderschöne und kraftvolle Apacheta mit unzähligen Mesas von Brüdern und Schwestern der Andentradition.

Besonders groß ist die Freude der Paqos, wenn sie Kristalle finden. Auch bei besonderen Pilgerreisen mit Gruppen kommt es vor, dass die Paqos schon während der Reise Steine sammeln, die sie den Teilnehmern am Ende einer Zeremonie oder Initiation überreichen. In diesen Steinen ist die besondere Energie des Berges und der Zeremonie gespeichert und soll uns helfen, in Meditationen an diesen Kraftort zurückzukehren und unsere Verbindung zu stärken. Als wir mit einer Gruppe für einige Tage beim Apu Ausangate, einem der höchsten und mächtigsten Berge der Region Cuzco, kampierten, fanden die Paqos in der Nähe des Camps eine wahre Kristall-Ader. Sie sammelten genau so viele Kristalle, wie wir Personen waren, und nach der Initiation bekam jeder von uns diesen besonderen Schatz. Dieser Stein begleitet mich seit Jahren und ist ein besonders kraftvoller Khuya meiner Mesa geworden. Er verbindet mich mit allen Bergen, die ich in meinem Leben und in meinen Träumen jemals besucht habe.

Die eigene Mesa

Mit jeder Komplettierung einer Mesa, ob nun eine Initiations-Mesa oder eine Haupt-Mesa, wird der Grundstein für deinen weiteren Weg gelegt. Deine persönliche Beziehung zu den einzelnen Khuyas und deine Erfahrungen in der Arbeit damit machen deine Mesa zu etwas ganz Persönlichem. Es ist eine wundervolle Reise zu dir selbst. Eine Mesa ist dein Spiegel, der dir zeigt, wie sehr und womit du in Balance bist und womit nicht. So gibt es »Lieblingssteine« und solche, die weniger beachtet werden. Dies zeigt dir, welche Elemente der Natur in deinem Leben bisher nur eine kleine Rolle spielten. Genau das kannst du mit deinen Steinen nun ausbalancieren.

Die Khuyas tragen die Energien in sich, und du kannst sie jederzeit abrufen, indem du mit deiner Mesa meditierst oder einzelne Steine in die Hand nimmst. Deine Mesa steht in enger Verbindung mit dir und hilft dir auf sehr subtile Weise jeden Tag, dein Leben noch mehr auszubalancieren, zu heilen und mit wachem Herzen zu leben. Auch wenn die Mesa einfach nur in deiner Wohnung liegt, strahlt sie Energie und Weisheit aus. Deine Hingabe baut eine starke Verbindung zu deinen Steinen auf. Wie bei allen Säulen der Andentradition geht es auch hier darum zu lernen, wertschätzende Beziehungen zu führen. Erkennst du den Wert, den deine Beziehungen zur Natur und zu deinen Steinen haben?

Die Paqos lehren mit ihren ganz eigenen Methoden und nicht nur über Unterrichtsinhalt. Sie vermitteln ihre Weisheit oft in einem heiligen Spiel, das *Pukllay* genannt wird. So bot mir einer meiner ersten Lehrer einmal an, einen meiner Steine mit einem seiner Steine zu tauschen. Er sagte mir, welchen Stein er von meiner Mesa haben wollte, und bot mir zum Tausch einen wunderschönen Kristall an. Ich zögerte eine ganze Weile, ließ mich aber dazu überreden. Als ich ihm den Stein aushändigen wollte, bremste er mich und sagte: »No, no, no, Panachay! So läuft das nicht. Ich tausche keinen Stein mit dir. Meine Steine sind so kostbar, ich habe sie auf der ganzen Welt gesammelt, sie stammen teilweise von meinen Ahnen, und ich würde niemals einen Stein weggeben. Panachay«, fuhr er sanft fort, »in unserer Tradition geht es um unsere Beziehungen. Alles,

was du weggibst, hat keinen Wert für dich. Du musst aufhören, dich selbst immer wieder wegzugeben. Halte dein kostbares Universum zusammen.«
Das hatte gesessen. Ich fühlte mich ertappt, hatte einen Kloß im Hals und war den Tränen nahe. In diesem Spiel wurde ich komplett auf mich selbst zurückgeworfen.
Es war die beste Lektion, die ich jemals erhalten habe, und noch heute habe ich eine ganz besondere Beziehung zu diesem Lehrer.
Eine Mesa ist eine ganz persönliche Angelegenheit und auch die Grundlage, um Energien zu kanalisieren und diese in Behandlungen oder Initiationen weiterzugeben. Deswegen ist die Mesa die dritte Säule. Sie vereint deine vertrauensvolle Beziehung zu Pachamama mit den Kräften des Kosmos in den Steinen. Die Khuyas in den Dienst für andere Personen zu stellen, indem man Healings oder Karpays gibt, erfordert ein hohes Maß an persönlicher Arbeit mit den Steinen. Die richtige Relation kann jeder für sich selbst herausfinden. So halten es die Paqos auch, und sie weisen immer wieder darauf hin, dass alles in Maßen geschehen sollte.

Jede Mesa ist in erster Linie ein ganz persönlicher Altar. In der heiligen Arbeit mit Steinen habe ich sowohl in Selbstheilungen als auch in Behandlungen anderer die Kraft der Khuyas erleben dürfen. Es gibt Tage, an denen ich mich hinlege, mein ganzes Bündel auf mein Herz lege und mir einfach eine halbe Stunde Auszeit nehme. An anderen Tagen nehme ich einen Stein aus meiner Mesa und meditiere mit ihm oder lege ihn abends unter mein Kopfkissen. Das kann immer wieder ein anderer Stein sein, ich entscheide es nach Gefühl. Meistens wird der Stein in meiner Hand sehr warm oder sogar heiß, oder er fängt an, eine Art Strom und Vibrationen auszusenden. Manche Steine lösen Blockaden in meinem Körper auf, andere lassen ganz sanft Ruhe und Klarheit in mich einkehren. Die Wirkung hängt sowohl von meinem Zustand ab als auch von dem Stein, den ich wähle. Die Sternenenergie des einen Steins fühlt sich anders an als beispielsweise die Feuer- oder Wasserenergie eines anderen Steins. Das Wundervolle ist, dass ich dem Stein nicht sagen muss, wo es hakt. Er nimmt die Informationen einfach über den Kontakt mit mir auf und beginnt seine Heilarbeit. Die wichtigen und kraftvollen Naturenergien fließen in meinen Körper und füllen ihn mit Kallpa und Sami auf. Das Prinzip »Gedanken raus – Natur rein« spielt auch hier wieder die Hauptrolle. Deshalb ist eine Mesa besonders hilfreich, wenn man sich nicht in der Lage fühlt zu meditieren, wenn man so sehr aus dem Gleichgewicht geraten ist, dass man Hilfe von außen braucht. Die Khuyas sind so eine zusätzliche Instanz, und sie helfen dir, dich zu reinigen und zu erden. Dabei habe ich ein tiefes Vertrauen in meine Steine und kann diesen gesamten Prozess einfach zulassen.

Ich pflege meine Steine mit liebevoller Hingabe, genau so, wie die Paqos es tun. Ich sitze dann mit meiner geöffneten Mesa im Wald oder im Garten, schmücke sie mit Blütenblättern, lasse die Sonnenstrahlen auf die Steine scheinen und segne sie mit Rotwein und meinen Gefühlen der Dankbarkeit für diese lebendige Beziehung zu ihnen. Oder ich puste vor dem Schlafengehen meinen Segen in sie hinein, so als würde ich einem Kind Gute Nacht sagen. Durch meine Hingabe und die Zeit, die ich mit der Mesa verbringe, entfalten die Steine ihr Potenzial.

Zu der Fähigkeit der Steine zu strahlen, sagte Don Mariano Folgendes: »Alle Steine, alle Khuyas, die an den Lagunen und Flüssen gesammelt wurden, haben eine Absicht – in der Mesa zu scheinen. Je nachdem, wie du sie behandelst und wie du sie nährst, sind diese Steine energetisch oder haben das Potenzial, dies zu sein. Diese Steine können dich heilen, im Einklang damit, um was du sie bittest.«

Du pflegst die Steine, und die Steine pflegen dich – du praktizierst Ayni und lernst langsam, was es heißt, eine bewusste Interaktion mit der Natur zu leben. Die Heilkraft der Steine in der Mesa wird stärker mit jeder Zeremonie und jeder Meditation, die du erlebst. Es gibt selten eine Reise, auf der ich die Mesa nicht mitnehme. Denn Pilgerreisen mit der Mesa können ein Teil der eigenen Heilarbeit sein. Sie bringen die Kraft der Orte in die Mesa und knüpfen Verbindungen zu den neuen Bergen, Ozeanen, Canyons und Wüsten. Die Arbeit mit Steinen ist wunderbar kopfbefreit. Denn mit unserem Verstand können wir nicht in die Zukunft sehen, Probleme beim Kern packen oder die Komplexität einer Heilung überblicken. Es geht einzig und allein um das Fühlen der Steine und der Naturkräfte sowie unser Vertrauen in einen wohlwollenden Kosmos.

Die Mesa ist Natur, und sie hilft mir mehr als alles andere, mich in einer Gesellschaft zu bewegen, die weit entfernt von sich selbst und von Pachamama lebt. Sie macht mich natürlicher und unterstützt mich darin, leichter durch das Leben zu gehen.

Vielleicht hast du bereits Steine oder Initiationen empfangen und dabei eine kleine Mesa erstellt. Oder es geht dir wie mir und du hast schon immer Steine gesammelt und damit meditiert. Dann bietet dir die Andentradition noch mal einen tieferen Einstieg in die Arbeit mit Steinen.

Die drei Säulen der Andentradition

1. SÄULE: ZEREMONIEN – KOMMUNIKATION MIT DER NATUR

Kleine Gaben und Despacho-Zeremonien an Pachamama etablieren deine Rückverbindung und heilen deine Beziehung zur Erde.
Deine nicht-physischen Aktivitäten geben deinen Gaben eine zeremonielle Bedeutung – es sind deine Gedanken, Gefühle und deine Intention.
Durch das Segnen der Erde erlaubst du dir als segnende Instanz, deinen Selbstwert zu erspüren.

2. SÄULE: INITIATIONEN – DER KOSMOS IN DIR

Initiationen werden »Karpays« genannt. Das bedeutet »wässern«, und jede dieser Energieübertragungen wässert deinen Lichtsamen in dir.
Es wird unterschieden zwischen einzelnen Karpays, ganzen Karpay-Reihen und dem Hatun Karpay als große Initiation der drei Zentren: Herz, Kopf, Bauch.
Durch Karpays wird dir ein neuer Teil des Universums vorgestellt – du erweiterst deinen Kosmos.

3. SÄULE: MESA – DIE HEILIGE ARBEIT MIT STEINEN

Steine sind bewusste und lebendige Wesen. Sie sind die ältesten Bewohner der Erde.

Steine heißen »Rumi« und erwachte Medizinsteine »Khuyas«. »Khuya« bedeutet »liebevolle Beziehung« und »Hingabe«.

Es gibt viele unterschiedliche Mesas: einzelne Steine, kleine Mesas speziell für bestimmte Initiationen und die große »Haupt-Mesa«. Eine Mesa hilft dir, dich zu heilen und mit der Natur auszurichten. Du beginnst, direkt von deinen Steinen zu lernen.

LERNE DIE KUNST

der Despachos

If you want to evolve alone – that's not good.

We are all interdependent!

GURUJI MOHAN

INTERDEPENDENZ ALS kreative Kraft

Warum eine gute Beziehung zu Pachamama wichtig ist

In diesem Kapitel zeige ich dir, wie du die erste Säule der Andentradition, die Despacho-Zeremonien, in deinen Weg integrieren kannst. Sie sind ein einfacher und wunderschöner Einstieg und können durchaus auch in Verbindung mit anderen spirituellen oder persönlichen Wegen praktiziert werden. Gabenbündel zu widmen und zu kreieren ist leicht, und du kannst mit ihnen erkunden, wie sich ein Energieaustausch zwischen dir und Pachamama anfühlt und auf dein Leben auswirkt.

Als ich vor zehn Jahren mein erstes Despacho machte, saß ich auf über fünftausend Metern Höhe in den Anden. Um fünf Uhr morgens war ich bereits mit steifem Rücken aus dem Zelt gekrabbelt, weil ich mit meinem viel zu dünnen Schlafsack und meiner dünnen Isomatte die sechs Grad unter null nicht mehr ausgehalten hatte. Mir war immer noch kalt, als sich am Vormittag unsere Reisegruppe mit den Paqos zu einer Zeremonie versammelte. Die Sonne stand schon weit über dem Apu Ausangate. Mein Kopf pochte vor Schmerzen in dieser Höhenlage, und ich pustete meinen kostbaren Sauerstoff eine Stunde lang in Blätter und Süßigkeiten hinein. Mir ging es fürchterlich, und diese Prozedur war alles andere als eine Offenbarung. Ich hatte keine Ahnung, was mir diese Zeremonie bringen sollte. Aber irgendetwas in mir wollte weitermachen – weiterpusten, weiterbeten.

Zu Hause folgten immer mehr Despachos, und langsam eröffneten sich mir die Dimensionen dieser Zeremonie. Ein innerer Wandel hatte längst begonnen. Ich wusste nicht, wie sehr ich mit der Natur verbunden sein konnte. Ich wusste

nicht, dass meine Verbindung zu Pachamama sich so anfühlen würde. Die vielen Despachos legten diese verdeckten Bahnen in mir frei und machten sie für mich spürbar! Ich fühlte mich nicht mehr allein. Nein, ich war eingebettet und behütet, trotz aller Probleme und Verletzungen, die es noch zu heilen gab.
Mein Weg hatte begonnen, und rückblickend weiß ich, dass meine Liebe und mein Vertrauen, die Intention und der ganze Aufwand meiner unzähligen Despachos ein enormes Energiepotenzial für meine Heilung zur Verfügung stellten. Diese Form des Gebetes ist für mich unverzichtbar geworden.
Vielleicht wünschst du dir auch, dich mehr mit der Erde zu verbinden, mehr geerdet zu sein? Besonders in unserer Gesellschaft, in diesen schnellen, hektischen und nach immer mehr strebenden Zeiten ist die Sehnsucht nach einer kraft- und liebevollen Natur, die uns einhüllt und trägt, groß.
Kann die Natur uns überhaupt noch tragen, so, wie es ihr geht? Ja, das kann sie und sie wartet darauf, dass wir ihr endlich wieder bewusst ein »Hallo« schenken – mit ihr sprechen, sie anerkennen und in unserem Leben berücksichtigen. Wir waren zwar niemals komplett getrennt von ihr, haben aber unseren Austausch auf das Notwendigste beschränkt, wodurch wir, aus der Sicht von Ayni, unsere seelische Entfaltung ebenfalls auf das Minimum beschränkt haben. Es ist jetzt an der Zeit aufzuwachen, unseren Umgang mit der Erde zu verändern und unsere Beziehung zu ihr zu heilen.
Da wir Teil dieser Welt aus Materie und Energie sind, können wir den uns angemessenen Platz jetzt finden und einnehmen. In den Lehren der Anden findest du deinen Platz durch die bewusste Beziehung mit Pachamama.

Genau diese Allianz, diese bewusste und akzeptierte Wechselwirkung zwischen allem, ist für unsere Gesellschaft absolutes Neuland und stellt unsere Sichtweisen extrem auf den Prüfstand. Wir haben Angst, uns in eine Abhängigkeit zu begeben, wollen selbst über unser Leben bestimmen und frei sein. Wir wollen alle Dinge zu jeder Zeit tun, ohne fragen zu müssen. Wir wollen unsere persönliche Entwicklung ganz selbstständig und unabhängig durchlaufen. Wir wollen unser Tempo selbst bestimmen und nicht auf jene warten, die noch nicht so weit sind. Es »alleine zu machen«, ist das, was uns am meisten kostbare Zeit spart und in unseren Augen unsere persönliche Transformation beschleunigt. Wir bekommen Angst vor zu viel Abhängigkeit und auch Verantwortung, wenn wir uns den Gedanken erlauben, dass unsere Entwicklung in Kooperation mit einer anderen Instanz ablaufen könnte. Was muss ich dafür tun? Habe ich dafür überhaupt genug Zeit, oder hält es mich auf meinem Weg auf?

Dabei stecken wir jede Menge Zeit in unsere zahlreichen Aktivitäten, Karrieren und Entertainment-Möglichkeiten – doch diese Abhängigkeiten gelten schon längst als normal.

Ich kenne diese Gedanken und Probleme. Es waren auch meine Ängste, und es war meine persönliche Suche nach Heilung und Glück. Ich bin auch mit der Idee aufgewachsen, dass ich mich alleine sehr gut entwickeln kann – dass ich unabhängig sein kann. Dass Unabhängigkeit, beruflich, privat oder auch durch Mobilität, der Schlüssel zum persönlichen Glück ist. Und dann kam die Andentradition und brachte mir das Prinzip Ayni bei, das Prinzip der Wechselwirkung zwischen allem und jedem. Dies zeigte mir, dass meine individualistische Verfolgungsjagd niemals in meiner inneren Heilung enden würde, weil ich die Natur brauchte, um zu heilen! Ich begann, meine negativen und beschränkenden Konzepte von Abhängigkeit zu verwandeln, und entdeckte die kreative Kraft hinter Ayni, die in mir mehr bewegen konnte, als ich es jemals alleine gekonnt hätte.

Despachos zu widmen und die Zeit dafür aufzuwenden, ist ein erster Schritt für deine Rückverbindung, die sich langsam aufbauen und dich mit der Zeit tragen, umsorgen und dir auf deinem Weg helfen wird. Despachos erlauben dir, all das zu entdecken, womit du in Verbindung stehst, woraus du gemacht bist. Du wirst erfahren, wie groß die Unterstützung ist, die dir zur Verfügung steht. Erlaube dir, Interdependenz als kreative Kraft zu entdecken!

Ein Universum der Fülle

Es gibt sehr viele Elemente von Pachamama, die wir in unseren Gebeten herbeirufen und die einen Platz im Despacho erhalten: die Flüsse, die Meere, die Erde, die Pflanzen, das Feuer, das Wasser, der Wind, die Sterne, die Sonne, der Mond, die Berge, die Tiere und Bäume und noch vieles mehr. Ich nenne diese ganzen Aspekte der Erde und der Kawsay Pacha meine kosmischen Familienmitglieder. Es versetzt mich immer wieder in Staunen, wenn ich mir bewusst mache, dass jeder Ort der Erde, den ich berührt und besucht habe, Teil meiner kosmischen Familie ist. Auch die Bäume auf meinem Grundstück gehören zu meiner Familie. Sie prägen das Feld, in dem ich wohne, und helfen mir, mich zu erden – allein durch ihre Präsenz. Wenn ich dann vor ihnen stehe, in mich hineinspüre und mir bewusst mache, dass auch sie mich nahe bei sich spüren, dann ist das ein sehr heilsamer Gedanke. Stell dir einmal vor, du schwimmst in einem See und Mama Cocha umspielt deinen gesamten Körper. Sie kommt dir nahe, reinigt dich und sortiert deine vielen Emotionen. Deswegen fühlen wir uns nach einem Bad im See oder im Ozean auch so erfrischt und klar. Was für ein Blessing!

Je bewusster ich mir meiner Familienmitglieder bin, umso reicher ist mein persönliches Universum. Stimmst du dem zu? Mit der folgenden Übung kannst du dir die Fülle deines Universums, die kosmischen Familienmitglieder, die du bereits hast, verdeutlichen.

Übung:

Dein Universum

- Erinnere dich an all deine bisherigen Urlaube.
- Welche Orte hast du besucht?
- Über welche Meere bist du gereist?

- Welche Strände hast du unter deinen Füßen gefühlt?
- Durch welche Wälder bist du gegangen?
- Über welche Berge bist du gewandert?
- Schließe ein paar Minuten deine Augen und erinnere dich.
- JETZT.
- Danach lies weiter.

- Gehe in Gedanken all die Seen in deiner Umgebung ab.
- Wo gehst du im Sommer immer schwimmen?
- Welcher Fluss fließt durch deine Stadt?
- Auf welchen Baum bist du als Kind geklettert?
- Schließe deine Augen ein paar Minuten und erinnere dich.
- JETZT.
- Danach lies weiter.

All diese Orte der Natur sind bereits deine Familienmitglieder. Das sind eine ganze Menge, wenn du dir ihrer bewusst bist. Und an jedem Ort der Erde, den du berührt und besucht hast, fand ein energetischer Austausch statt. Nicht nur du erinnerst dich an all diese Orte – die Erde und die Orte erinnern sich auch an dich. Stell dir jetzt vor, du rufst all deine Familienmitglieder zusammen, damit sie dir bei einem Aspekt deines Lebens helfen. Und jetzt mache dir bewusst, welche Kraft und welche Liebe plötzlich da ist, um einen wirklichen Wandel herbeizuführen. Es ist viel mehr, als du alleine jemals aufbringen könntest. Ist das nicht schön?

Du bist eigentlich niemals alleine. Das Gefühl von Einsamkeit entsteht nur, wenn du dir der Wechselwirkungen nicht bewusst bist und deine Beziehung zu Pachamama eingeschlafen ist. Das Anerkennen deiner Wechselwirkungen mit der Natur ermöglicht dir ein Verschmelzen mit ihr. Deine gefühlte Trennung kann sich dann auflösen.

Die bewusste Zusammenarbeit mit deinen Familienmitgliedern ist die Transformationskraft deiner Despacho-Zeremonien. Je größer deine Familie ist, desto mehr Kraft erhält dein Despacho, um dir ein neues Gleichgewicht, eine Veränderung zu ermöglichen.

Es ist unglaublich, was Pachamama jeden Tag mit uns tut und was sie uns anbietet. Viele indigene Völker sprechen davon, dass alles beseelt ist. Die Paqos haben mir durch die Despacho-Zeremonien und die vielen K'intus gezeigt, was das bedeutet. Sie kommunizieren durch ihre Gaben mit den Flüssen und Bergen. Mit jedem Stern, mit dem du meditierst oder den du bewusst wahrnimmst, mit jeder Reise, die du bewusst tust, mit jedem Berg, dem du bewusst begegnest, erweitert sich dein Universum und bringt dich in eine größere Fülle. Erlaube dir, ein Universum der Fülle zu haben! Werde dir dieser Fülle bewusst.

Erweitere deine Lösungsmöglichkeiten

Halten wir also fest: Je vielfältiger und umfassender dein bewusstes Universum ist, desto mehr Möglichkeiten sind dir gegeben, eine Situation zu verändern. Wie wirkt sich dies konkret in deinem alltäglichen Leben aus?

Unsere innere Karte der Ideen und Gedanken, wie wir aus einer Situation herauskommen, ist sehr beschränkt, weil diese Ideen auf dem basieren, was wir von der Gesellschaft und unseren Eltern gelernt haben, und vor allem unsere Interdependenzen mit der Natur ausschließen. Eine Situation kann häufig augenscheinlich nicht gelöst werden, ohne dass ein Weg unangenehme Konsequenzen nach sich ziehen würde. Wir versuchen zu oft, Probleme auf der Ebene zu lösen, auf der sie überhaupt entstanden sind, nämlich in unseren isolierten Gedanken. Wir betrachten unsere Probleme nicht, im Sinne von Ayni, als ein Ergebnis von Wechselwirkungen. So sind die Handlungsmöglichkeiten und Ideen, verglichen mit dem Wissen und den Möglichkeiten von Pachamama, wirklich minimal.

Wie wirkt sich nun ein Despacho auf diese Situation aus?

Stell dir das Sprungtuch der Feuerwehr vor. Dieses Sprungtuch ist dein Leben, und alle Feuerwehrmänner, die dieses Tuch ringsherum festhalten, sind die Aspekte, die dein Leben zu dem machen, was es ist. Jeder Feuerwehrmann hat dabei eine ganz bestimmte Position und Funktion. Natürlich halten unzählige Feuerwehrmänner dein Tuch. Und viele davon hast du noch nie bewusst wahrgenommen. Sie gehören, grob zusammengefasst, zu zwei verschiedenen Gruppen: den dir bewussten und den dir unbewussten Aspekten deines Lebens. Bewusst sind die Verbindungen zu deiner Familie, deinen Freunden, zu deinen Kollegen, zu Orten und Plätzen deines Lebens sowie deine Aktivitäten, dein Körperbewusstsein, deine Gefühle und Gedanken. Meist unbewusst sind die Energieflüsse in deinem Körper, der Einfluss der Kawsay Pacha, deine seelischen Impulse, Facetten und Ebenen, deine Aufgaben und Wege, die energetischen Einflüsse deiner Ahnen und deiner Umgebung sowie die Hintergründe von Begegnungen, die du hast. Ich kann nicht sämtliche Komponenten aufzählen, denn weder ich noch du kennen sie komplett. Aber ich glaube, du bekommst ein Gespür dafür, dass du mit sehr vielen Aspekten in deinem Leben verbunden bist.

Jetzt stell dir vor, du möchtest etwas in deinem Leben, an deinem Sprungtuch verändern. Du beginnst, die Aspekte zu bewegen, die dir bewusst sind und auf die du Zugriff hast. Du nimmst beispielsweise größere Veränderungen in deinem Leben vor. Ein Umzug, ein neuer Partner, eine Kündigung, ein neuer Sport oder eine bedeutende Erkenntnis wirken sich auf dein gesamtes Leben und dein Sprungtuch aus. Ein paar Feuerwehrmänner verlassen oder verändern ihre Position. Das Sprungtuch wird an einigen Stellen schlaff, und du brauchst entweder Ersatz für diese Positionen oder alle Feuerwehrmänner müssen aufrücken und sich neu verteilen. Und genau diese Wechselwirkung nutzt du in einem

Despacho, um jene Positionen zu bewegen, die dir unbewusst sind. Wenn du in einem Despacho all deine kosmischen Familienmitglieder mit ans Sprungtuch holst, dann gibt es auf einmal unzählig mehr Möglichkeiten, eine Situation zu verändern. Die Positionen an deinem Sprungtuch sind deine Lebenskarte. Sie stehen für alle Aspekte deines Lebens. Wenn du etwas verändern möchtest, dann beginnst du, die Positionen zu verschieben, zu verändern oder auszutauschen. Dadurch kommen automatisch alle Aspekte in Bewegung und verändern sich – du beginnst, zu wachsen und dich zu verändern.

Du wirst diese Lösungen nicht bewusst sehen oder gar kontrollieren können. Es ist eher ein unbewusster, nicht logischer Prozess. Eine Lösung für ein Problem oder ein neuer Weg entwickelt sich behutsam. Es dauert eine Weile, bis sich alle Positionen neu justiert haben, und die Veränderungen können sich dann über Monate hinweg sanft entfalten.

Sei dir sicher, dass ein Despacho dein Leben zu deinem Wohl bewegen wird. Vielleicht braucht es auch mehrere Despachos, aber Bewegung geschieht. In dir und um dich herum.

Für dein seelisches Wachstum greifen zahlreiche Umstände ineinander, die sich deiner bewussten Erkenntnis entziehen. Einige Dinge sind mit anderen verknüpft – mit anderen Menschen und anderen Wegen. Oder sie sind abhängig von Erkenntnissen, die du erst erlangen musst, bevor dein Wunsch nach Wachstum oder Veränderung erfüllt werden kann. All diese Verbindungen sind in der Gegenwart miteinander verwoben, reichen zurück in die Vergangenheit und weit in die Zukunft.

Diese Wechselwirkungen bewusst zuzulassen, ist in erster Linie ein Schritt des Vertrauens. Ayni ist ein so weitreichendes Prinzip, dass wir es nicht mit unserem Verstand kontrollieren können. Mit jeder Despacho-Zeremonie lässt du dich vertrauensvoll mehr und mehr auf deine seelische Reise, deine Harmonie mit der Natur ein und öffnest dich für größere Perspektiven und Lösungsansätze.

Eine höhere Perspektive und Ebene, die über unseren Problemen steht, ist die sichtbare Natur von Pachamama und ihre unsichtbare Essenz der Kawsay Pacha. Diese ist wiederum in eine Wechselwirkung mit unserem Sonnensystem eingebettet unser Sonnensystem ist in unsere Galaxie eingebettet, und die Galaxie ist Teil anderer, größerer Galaxien. Und so weiter, bis du zum Ursprung allen Seins kommst. Wiraqocha. Great Spirit, Gott, Quelle, Zentrum des Universums, Heiliger Geist, wie auch immer du das nennen oder nicht benennen willst.

Die Bewegungen des Sonnensystems lösen die Veränderungen unserer Erde aus. Die Veränderungen der Erde lösen Veränderungen in uns aus. Das sind die drei Welten, mit denen wir im Austausch stehen. Alles ist permanent in Bewegung, und diese Bewegung nutzt du für die Lösung deines Problems.

Ich habe mal einen lustigen Wildnispädagogen getroffen, der zu mir sagte: »Nature is cheaper than therapy!« Er hatte recht.

Deshalb tut es gut, wenn wir uns wieder bewusst mit der Natur verbinden und lernen, diesem Austausch zu vertrauen und ihn zu erlauben. Die verspielten und bunten Despacho-Zeremonien sind ein wunderschöner Beginn, deine Liebe auszusenden und dein Vertrauen in Pachamama zu stärken. Die Flüsse, Berge und Sterne werden auf deine Gebetsbündel antworten. Versprochen!

Interdependenz als kreative Kraft nutzen

- Durch deine Wechselwirkungen mit der Natur erweiterst du dein Universum und deine Lösungsmöglichkeiten.
- Erkenne deine Fülle: Je bewusster du dir deiner kosmischen Familienmitglieder bist, umso reicher ist dein persönliches Universum.
- Für deine Entwicklung und dein Wachstum brauchst du andere, anderes und Andersartiges.
- Pachamama hilft dir, Lösungen und Wege für deine Probleme zu finden. Sie bewegt Energie in Bereichen, deren du dir nicht bewusst bist.
- Überwinde Einsamkeit, indem du dir deiner Beziehungen zu Pachamama bewusst wirst. Du bist niemals allein und unabhängig!
- Deine Rückverbindung beginnt mit Vertrauen.

DIE KRAFT DER Despacho-Zeremonien

Segnen, ausrichten, manifestieren

Ein Despacho ist ein buntes Gebetsmandala, das auf einem Papier bereitet wird. Es wird in einem zeremoniellen Rahmen kreiert und besteht aus Cocablättern, Süßigkeiten, Blumen, Mais und vielen Zutaten, welche die einzelnen Aspekte und Kräfte der andinen Kosmologie repräsentieren. Die Auflistung aller Zutaten findest du im Kapitel »Zutaten für ein Despacho«.

Es gibt Hunderte verschiedener Despachos, und sie alle haben eine unterschiedliche Struktur und Intention. Der Anlass bestimmt die Form. Die Paqos nutzen die Gebetsbündel, um sich mit Pachamama auszurichten, Energien zu harmonisieren, Blockaden zu lösen, tiefe Heilungen einzuleiten, Karpays vorzubereiten, die Ahnenreihe zu heilen, eine Alpakaherde zu segnen, eine gute Ernte zu manifestieren oder die Geburt eines Babys zu feiern. So kannst auch du deine Despachos verschiedenen Anlässen widmen. Du kannst dein Haus segnen, deinen Heilungsweg fördern, bei einem Problem etwas in Bewegung bringen, einen Wunsch absenden oder dem Fluss deiner Stadt ein Despacho schenken. Despachos verbessern nicht nur deine Beziehung zu Pachamama, sondern sind auch eine wundervolle Form der Manifestationsarbeit. Du kannst sie also legen, um die Erfüllung eines Traums voranzubringen und die nötigen Umstände dafür in dein Leben zu rufen. Dein Herzenswunsch wird in das Potenzial von Pachamama eingebetet.

Die Anlässe für Despachos sind unbegrenzt und so auch ihre Variationen. Am Ende einer Despacho-Zeremonie werden die Gebete dem Great Spirit übergeben, indem das Mandala wieder zerstört wird. Meistens wird es verbrannt.

Um Despachos zu lernen oder in dein Leben zu integrieren, musst du keine schamanische Laufbahn einschlagen. Du erlaubst dir einfach diesen Einblick in die Andentradition und integrierst sie in deinen Weg. Das Wichtigste ist doch, dass wir alle wieder mit Pachamama in Kontakt treten. Egal, welchen spirituellen, religiösen oder persönlichen Weg wir gehen. Pachamama ist für uns alle die Grundlage.
Wie Despachos tatsächlich dein Leben verändern, kannst du nur durch deine eigene Praxis in Erfahrung bringen. Das, was sie mit dir machen, ist die wahre Bedeutung der Despachos für dich. Und es ist deine ganz persönliche Wahrheit. Du kannst komplette Despacho-Zeremonien abhalten oder einfach beginnen, in deinem Alltag kleine Gaben zu erstellen und diese Pachamama zu schenken. Kleine Gaben zwischendurch erinnern dich an die Segnungen, die permanent da sind, und machen dich empfänglicher dafür. Despachos sind ein heilender Weg, dich wieder als ein Kind des Kosmos zu fühlen.

Materialisierung – Gebete mit Substanz

Das Besondere einer Despacho-Zeremonie ist, dass deine Gebete und deine Energie direkt sichtbar werden. Jede Zutat wird mithilfe deines Atems, deiner Gedanken, deiner Liebe und deiner Handlung mit Bedeutung aufgeladen und erhält ihren besonderen Platz auf dem Papier. Aus den Blüten, Blättern, Figuren, Samen

Kleine Gabe mit K'intu

Eine kleine Gabe für Pachamama.

und Süßigkeiten formt sich ein einzigartiges Mandala, das die Struktur deiner Energie sichtbar werden lässt. Das Anordnen der Materialien macht es einfacher für dich, innere Prozesse zu ordnen, die sonst nicht so deutlich greifbar wären. Darüber hinaus durchläufst du die Schritte eines Materialisierungsprozesses:

Energie – Gedanken – Gefühle – Materie

In diesem Prozess wird reinste Energie in Materie umgesetzt, und am Ende siehst du den materiellen Ausdruck deiner inneren, unbewussten Welt vor dir. Das Mandala wirkt auf dich in seiner Schönheit. Es ist das Gesamtbild aller Aspekte in dir.

Sobald das Despacho fertiggestellt ist, wird die materielle Ebene wieder zerstört, indem du das Despacho verbrennst. In diesem Moment musst du dich von der materiellen Ebene verabschieden und übergibst die reine Energieform deines Mandalas dem Great Spirit und Pachamama. Du gehst also den Materialisierungsprozess wieder rückwärts und sendest die reine Energieform ab. Das Mandala hat dir beim Ordnen geholfen, Gefühle und Gedanken in dir ausgelöst, und diese bewegen deine Energie.

Materie – Gefühle – Gedanken – Energie

Von dort kann sich dann alles neu ordnen und in einer neuen materiellen Form dein Leben beeinflussen. Dieser Prozess äußert sich in Gelegenheiten, Wachstumsprozessen, Erkenntnissen und Veränderungen, die auf ein Despacho folgen. In welcher konkreten Form sich dein Wunsch dann manifestiert, wird sich in der Zukunft zeigen. Du entwickelst durch das Despacho eine Art neue Vision für dich, ein inneres Gefühl oder ein Bild von dir selbst, wie du dich oder ein Thema gerne im Leben sehen würdest. Dieses Bild ist nicht die Eins-zu-eins-Umsetzung der späteren Manifestation an sich. Es trägt die Information deiner Seele und bringt genau das hervor, was du für deine Heilung und deinen Weg brauchst.

Die Gelegenheiten, die nun eintreten, erfüllen alle Voraussetzungen, die du brauchst, um deine Veränderung umzusetzen. Sie befinden sich immer in perfekter Harmonie mit dem größeren Plan.

In der Despacho-Arbeit löst du dich von einem bestimmten und kontrollierten Ergebnis. Du kannst beispielsweise ein Despacho machen, um ein neues, passendes Zuhause für dich zu suchen. Dabei könnte herauskommen, dass es für dich nicht das Beste ist, ein Haus zu kaufen, wie du es vorhattest, sondern zu mieten. Du machst ein Despacho für die beste Lösung insgesamt und nicht für ein konkretes Haus. Die Wege zu deinem Wunsch können anders sein als gedacht. Vielleicht hast du keine Idee, was es eigentlich für dich heißt, deinen Wunsch zu leben. Oder du bist an bestimmte Identifikationen und Selbstbilder gebunden, die dich beschränken. Sie halten nicht die Lösungen bereit, die das Universum dir liefern kann, um ein bestimmtes Problem oder Muster zu lösen oder gar komplett aus ihm herauszuwachsen. Wachstum bedeutet schließlich, seine eigenen Grenzen zu überschreiten und das eigene Weltbild zu verändern. Es geht niemals nur darum, zu verändern, *was* wir tun. Es geht darum, zu verändern, *wie* wir etwas tun.

Indem du dein Despacho liebevoll und mit Hingabe herrichtest, beginnst du bereits, diese neue, sanfte Herangehensweise in dein Leben zu tragen.

Schönheit – Spiegel deines inneren Wesens

Was macht das Despacho nun zu einem so kraftvollen Transformationsprozess? Es ist deine Liebe und deine Beziehung zum Universum und zu Pachamama, die sich hier materiell ausdrückt. Aber nicht nur deine innige Verbindung ist wichtig. Auch die Schönheit des Despachos ist von Bedeutung. Die Ästhetik deines Gabenbündels ist dein ganz persönlicher Ausdruck. Je mehr Despachos du machst, desto mehr wird dir auch deine Einzigartigkeit bewusst. Die Form und die Legung deines Mandalas spiegeln deine innere Schönheit und gewähren dir einen Einblick in dein wundervolles Naturell.

Oft ist es so, dass Personen in deinem Umfeld deine Besonderheit bewusst wahrnehmen und auch zu schätzen wissen. Sie sehen dich in deinem Alltag und mit deiner Art, Dinge anzugehen und zu leben. Nur wir selbst sind uns unserer einzigartigen Schönheit nicht bewusst und können daher unsere wahre Natur und ihren Ausdruck überhaupt nicht wertschätzen. Ein Despacho ist hierfür ein faszinierender Spiegel. Indem du fürsorglich die einzelnen Zutaten platzierst, folgst du automatisch deiner inneren Ästhetik und erlaubst, dass deine Einzigartigkeit zum Ausdruck kommt. Diese persönlichen Züge deines Wesens verschmelzen in deinem Despacho mit den großen kosmischen Strukturen und bringen dabei etwas ganz Wundervolles und Heilendes hervor. Du bringst Pachamama und dem Kosmos deine ganze Schönheit entgegen, und diese kommt verstärkt zu dir zurück. Es ist wie eine Spiegelung deiner wahren Natur, die multipliziert wird und dir hilft, dich Stück für Stück mehr zu spüren und zu erkennen.

Ein Despacho braucht Schönheit und wirkt deswegen so faszinierend auf uns. Ich habe bisher niemanden getroffen, der nicht verzückt geseufzt hat, als er das erste Mal ein Despacho-Bild gesehen hat.

Wir spüren diese Spiegelung ganz unbewusst und fühlen uns tief berührt. Dabei ist es unsere eigene Größe und Schönheit, welche diese Materie so angeordnet hat. Ist das nicht wundervoll? Ich liebe diese Zeremonien, weil sie uns immer wieder zu unserem inneren Kern führen, und das mit Leichtigkeit, Spiel und Leidenschaft für die Kreativität.

Spiegel deiner inneren Schönheit

Dein Despacho spiegelt dir deine innere Schönheit, denn du hast dieses ästhetische Kunstwerk erschaffen.

Ordnung – inneres Aufräumen

Ein Despacho braucht neben Energie, die aus deiner liebevollen Beziehung zu Pachamama kommt, und der Schönheit deines Wesens auch eine Ordnung. Obwohl es bei den Gabenbündeln einen sehr großen Spielraum zur kreativen Entfaltung gibt, basiert ein Despacho auch auf festen Strukturen. Diese Strukturen und Abläufe sind wichtig, weil sie den Rahmen für unsere Individualität bilden. Sie sind in der Natur verankert und bringen die Gesetzmäßigkeiten der kosmischen Ordnung in unser Despacho. Das ist ein wichtiger Punkt. Denn in unserer Interdependenz mit allem unterliegen wir dieser übergeordneten Struktur. Sie ist weiser als unser Verstand und birgt in sich die größere Vision in Bezug auf alles. Dieser Struktur zu folgen, bringt Ordnung in unser Leben. Wir ordnen unsere Zutaten und damit auch unsere Energie. Die Zutaten werden verbrannt, und es bleibt die Ordnung, die wir energetisch geschaffen haben. Ich habe die Erfahrung gemacht, dass es sehr wichtig für mich ist, die grundlegenden Strukturen und universellen Gesetze anzunehmen und mich in diesen Rahmen einzubetten. Sie beschränken mich nicht. Im Gegenteil, sie geben mir Halt, Erdung und enorme Entfaltungsmöglichkeiten meiner Individualität. Ohne die bewusste Interaktion mit den Kräften Pachamamas und des Universums wäre es mir überhaupt nicht möglich, meine wahre Natur zu entdecken! Meine Seele entfaltet sich auf diesem leuchtenden Energieteppich und tritt dann in ihrer Besonderheit hervor.

Die materiellen Zutaten, die wir benutzen, helfen uns, Unsichtbares sichtbar zu machen – sowohl unsere innere Schönheit als auch die nötige Ordnung, die wir brauchen, um zu heilen und seelisch zu wachsen.

Du wirst spüren, dass sich während des Betens mit den Zutaten energetisch in dir etwas verändert, so, wie du mit jeder Zutat, die du in das Despacho gibst, das Gebetsbündel und seine Optik veränderst. Alles hat seinen perfekten Platz. Es gibt keinen Unterschied zwischen dem Universum des Despachos und deinem. Wie innen so außen. Du bringst deine innere Welt in einer materiellen Form zum Ausdruck. Du pustest deine Gefühle zu einem Thema in ein K'intu und integrierst dieses dann in die geordnete Form deines Despachos. Dadurch können sich auch deine Gefühle ordnen.

- Materialisierung: Du bringst dein Inneres und deine persönliche Beziehung zur Natur direkt in einer materiellen Form zum Ausdruck.
- Schönheit: Die Ästhetik deines Despachos spiegelt deine innere Schönheit und Einzigartigkeit wider. Du lernst dich und dein wundervolles Wesen dadurch besser kennen.
- Ordnung: Du gibst dem Despacho eine Ordnung. Durch vorgegebene Strukturen, aber auch durch deine eigene Struktur. Dadurch erschaffst du kosmische Ordnung in dir.
- Despachos sind deine Kommunikation mit der Natur. Sie sind Manifestationsarbeit und ein aktiver Lebensgestaltungsprozess im Austausch mit Pachamama.

DESPACHO-GRUNDLAGEN

»Pachamama und die Spirits sind wie Menschen. Wenn du viel Liebe aus deinem Herzen gibst, dann geben sie dir Liebe zurück«, sagte mir Don Sebastian. Und das ist es, worum es bei deinen Despachos geht. Nicht darum, dass du alles richtig und traditionell korrekt ausführst.

Als ich anfing, hatte ich keinen Leitfaden, keine Zutatenliste und auch keinen Despacho-Unterricht. Ich merkte mir einfach, was die Paqos hineingaben, und wählte die Dinge, die mir zu Hause zur Verfügung standen. Dabei folgte ich meinem Herzen und spürte bei jeder Zutat die Verbundenheit in mir aufsteigen, sobald ich zu beten begann. Ich entspannte mich mehr als sonst, mein Herz wurde weit, und danach fühlte ich mich immer klar, sanft und ganz bei mir. Ich war jedes Mal entzückt, welche Gefühle die Schönheit der einzelnen Despachos in mir auslöste. Lange standen meine Anliegen zu Heilung und Wandel im Vordergrund meiner Gaben, denn über die Verbesserung meiner Beziehung zu Pachamama hatte mir niemand etwas gesagt. Du siehst, egal, wo du stehst – öffne dein Herz und alles, was du tust, ist richtig.

Die Anleitungen in diesem Kapitel sollen dir helfen, ein Despacho machen zu können, auch wenn du noch nie eins gesehen oder gar an einem teilgenommen hast. Es ist ein Leitfaden für alle Neulinge. Und für alle, die schon Erfahrungen damit gemacht haben, gibt es die eine oder andere zusätzliche Information.

Vorab ein Wort zu den Zutaten eines Despachos: Sie haben in der Andenkosmologie feste Bedeutungen, und trotzdem sind die Paqos frei genug, diese im jeweiligen Kontext auch zu variieren. Nimm die hier aufgeführten Bedeutungen einfach als eine Möglichkeit, dich in deiner Seele berühren zu lassen. Und bewahre dir die Flexibilität, dein Despacho zu spüren und von den vorgegebenen Bedeutungen abzuweichen. Je öfter du dich in diesem neuen Terrain bewegst, umso selbstsicherer wirst du in deiner eigenen Wahrnehmung des Energieflusses, der entsteht.

Spüre mit jeder Zutat, die du in dein Despacho legst, wofür sie steht und wie sich dein Körpergefühl verändert. Es ist ein ganz filigraner Prozess der Veränderung – für das Mandala auf dem Papier und auch für dich. Du wirst deine ganz individuelle Art finden, ein Despacho zu gestalten.

Deine persönliche Entfaltung wird von der traditionellen Struktur getragen. Diese ist wichtig, denn sie bettet dich in den kosmischen Rahmen und die Gesetzmäßigkeiten ein. Die Grundlagen eines Despachos sind ganz einfach, und die wichtigsten Elemente lernst du jetzt kennen.

K'intu

Ein K'intu besteht aus drei Blättern. Du kannst dafür Cocablätter, Salbei, Minze, Lorbeer oder auch Rosenblätter verwenden. Häufig wird ein rotes und ein weißes Blütenblatt zum K'intu hinzugefügt. Rot steht für Pachamama und Weiß für die Berge.

Das K'intu

K'intus sind ein wichtiger Bestandteil eines Despachos. Ein K'intu ist ein Set aus drei Blättern, das häufig mit einem roten und einem weißen Blütenblatt ergänzt wird. Das rote Blütenblatt steht für Pachamama und die universelle feminine Kraft. Das weiße steht für die Apukuna (Berge) und ihre universelle maskuline Kraft.

Die drei Blätter repräsentieren die drei Welten der andinen Kosmologie:

- Das erste Blatt steht für die Unterwelt, die Ukhu Pacha mit den Energiequellen der Natur. Sie ist uns im Alltag unbewusst.
- Das zweite Blatt steht für die Mittelwelt, die Kay Pacha. Die Kay Pacha ist unsere tägliche Realität des Seins, wir sind uns ihrer bewusst. Diese Welt repräsentiert die Brücke zwischen Erde und Himmel. Sie ist die Ebene, auf der wir, alle Pflanzen und Tiere sowie Orte in einer physischen Form existieren.
- Das dritte Blatt steht für den Himmel, für die Oberwelt, die Hanaq Pacha. Sie ist die universelle Kraft, welche die Erde und ihre Lebewesen beeinflusst. Auf dieser Ebene haben wir ebenfalls ein riesiges unbewusstes Potenzial. Dieses ist tief mit unserer Seele und deren Rolle für die planetare Evolution verknüpft.

Indem du ein Set mit drei Blättern formst, beginnst du, Ayni in alle drei Ebenen zu bringen, und erlaubst einen wirklichen Wandel in deinem Leben. Denn du existierst auf allen drei Ebenen – sie sind miteinander verbunden.

Bei einem klassischen Ayni-Despacho widmest du deine K'intus den Hauptkräften, die du zu deinem Despacho einlädst. Du kannst also mit deinen K'intus die vier Himmelsrichtungen anrufen, du kannst die heiligen Berge, deinen Geburtsort, Vater Sonne und Pachamama oder auch die vier Elemente Feuer (Nina), Wasser (Unu), Erde (Allpa) und Luft (Wayra) anrufen. Oder auch vier Berge deiner Wahl.

Ein Despacho wird kraftvoller, wenn es mindestens drei bis vier K'intus enthält. Drei K'intus stünden zum Beispiel für die drei Welten, vier K'intus für die vier Himmelsrichtungen und Elemente. Du kannst auch mehr K'intus beten, die dann für deine persönlichen Themen stehen. Um drei K'intus zu formen, benötigst du neun einzelne Blätter, für vier K'intus zwölf Blätter und so weiter.

Ein K'intu beten

In der andinen Heiltradition wird generell viel mit dem Atem gebetet. Die Paqos begrüßen in den Zeremonien alle Berge, Flüsse oder Sterne mit dem Atem. Manchmal kann es auch ein leichtes Pfeifen sein. Wenn du ein K'intu betest, dann pustest du deine Gebete in das K'intu. Du atmest dich in das K'intu hinein, bis ihr verschmelzt. Natürlich kannst du dabei auch Gebete sprechen oder denken und um Heilung, Unterstützung oder Führung bitten. Du kannst dabei deine Augen schließen, das K'intu zwischen deine Finger nehmen und hineinatmen. Diese Form der Herz-Kommunikation habe ich von den Paqos lernen dürfen: Wenn du in deinem Herzen Liebe für etwas empfindest und diese Gefühle in materielle Gaben pustest, dann bewegst du Energie.
Du kannst so viele Gebete in ein K'intu pusten, wie du möchtest. Es ist wie eine Speicherkarte. Sobald du spürst, dass sich das K'intu voll und komplett anfühlt, ist es fertig und bekommt seinen Platz im Despacho.

Die K'intus und deine ausgewählten Zutaten sind deine Gebete. Der gesamte Aufwand der Zeremonie ist die Energie, die du für deine Gebete zur Verfügung stellst. Keine Energie – keine Bewegung. Jede einzelne Vorbereitung für ein Despacho – die Überlegung, der Einkauf, das Vorbereiten des Platzes – ist bereits Teil der Energie, die du für deine Gebete ansammelst und später im Despacho bündelst. Denn nichts im Universum geht verloren. Alles, was du an Energie bereitstellst, wird dir vermehrt wieder zur Verfügung gestellt. Das ist Ayni in Aktion!

Die vier Himmelsrichtungen

Für ein kraftvolles Despacho ist es wichtig, die große kosmische Struktur der vier Himmelsrichtungen einzubeziehen. Daher wird das Tawantinsuyu mit seinen vier Himmelsrichtungen jedem Despacho zugrunde gelegt oder zumindest darin berücksichtigt. Das bedeutet ganz praktisch, dass du in deinem Despacho die vier Himmelsrichtungen legst: Osten, Süden, Westen, Norden. Ich begrüße diese Kräfte immer am Anfang und streue dafür Zucker auf das noch weiße Papier, in vier kleine Haufen oder als Kreuz. Du kannst aber auch ein K'intu für jede Himmelsrichtung beten und diese vier K'intus in die vier Richtungen legen. Ebenso kannst du ein paar Blütenblätter dafür nehmen oder eine andere Zutat deiner Wahl.

Das Zentrum des Despachos

Das Zentrum eines Despachos wird oft mit einer Muschel angezeigt, die mit ihrer Öffnung nach oben liegt. Sie steht für Mama Cocha, das Meer, aus dem alles Leben entstand. Diese Muschel kann leer bleiben und am Anfang gelegt werden oder sie kann später als »Muschel-Container« mit vielen kleinen Details gefüllt und als Topping auf das Despacho gesetzt werden.

Alternativ kannst du eine Zutat wählen, die dein zentrales Despacho-Thema verkörpert, und diese gleich zu Beginn in die Mitte legen. Das kann eine Figur sein oder eine Süßigkeit in einer bestimmten Form, beispielsweise ein Haus oder ein Herz. Ich lege zu Beginn meist eine Blüte oder etwas Zucker in die Mitte des Despachos, um das Zentrum des Universums zu verankern.

Vier K'intus

Die vier K'intus repräsentieren das Tawantinsuyu, die vier Himmelsrichtungen.

Zentrum des Despachos

Die kleine Muschel im Zentrum des Despachos symbolisiert den Ozean Mama Cocha, aus dem alles Leben entstand.

ZUTATEN FÜR EIN Despacho

Früher bestanden Despachos aus getrockneten Früchten, Samen, Mais, Quinoa, Maca, natürlichen Gesteinspulvern, Mineralien, Wolle und gefärbter Wolle sowie aus Blüten und Blättern. Es gab noch kein Papier, die Gaben wurden auf flach ausgebreiteter Lamawolle platziert.

Heute beinhaltet ein fertiges Despacho-Kit, das man auf bestimmten Märkten in Peru kaufen kann, nicht nur diese ursprünglichen und natürlichen Zutaten, sondern auch neonfarbene Bonbons, kleine Zuckerfiguren, goldenes und silbernes Garn, Konfetti, Zuckerperlen und manchmal Sticker mit Fernsehstars.

All diese modernen Zutaten repräsentieren den Luxus der Industriegesellschaften, in den die Bevölkerung der Anden mehr und mehr hineinwächst. Für sie sind diese Zutaten aus Plastik und Synthetik sehr teuer im Vergleich zu den natürlichen Gaben, die sie auf ihren Feldern sammeln. Deshalb sind sie so besonders und wertvoll für ein Despacho.

Im Gegensatz dazu nutzen wir in unserer kommerziellen Gesellschaft, in der wir uns nach einer natürlichen Interaktion mit dem Planeten sehnen, meist biologische Zutaten wie selbst gesammelte Kräuter, Blätter, Bohnen und Samen.

In einem Despacho geht es darum, mit einem offenen und großzügigen Herzen zu geben. Am Ende zählt nicht, wer am meisten Geld für ein Despacho ausgegeben hat, sondern dass du aus tiefstem Herzen das gegeben hast, was dir zur Verfügung stand. In einigen verkäuflichen Despacho-Kits findest du sogar Spielgeld, das für den Erfolg des Despachos steht. Du musst keinen Fünfzig-Euro-Schein hineinlegen und diesen später verbrennen – es wird dein Despacho nicht erfolgreicher machen.

Despacho-Kits auf dem Markt

Bunte Despacho-Kits werden auch auf dem Markt in Cuzco verkauft.

Geöffnetes Despacho-Kit

Alle Zutaten sind einzeln eingewickelt.

Ich habe dir eine Liste von Zutaten zusammengestellt, die für ein klassisches Ayni-Despacho geeignet sind. Diese Liste wird dir helfen, direkt in eine Zeremonie einzusteigen und ein Gefühl für all die Elemente zu bekommen, die wir mit den Zutaten rufen. Wenn du mit den Zutaten vertrauter wirst, kannst du für dich entscheiden, ob du eine umfangreiche oder eine kleine Gabe machen möchtest, und die Zutaten entsprechend variieren.

Irgendwann wirst du deinen eigenen Weg sowie deine persönlichen Vorlieben finden. Deine Liste an Zutaten kann auch von dem Thema abhängen, für das du ein Despacho legst. So hat ein Ayni-Despacho für dein Zuhause andere Aspekte als ein Ayni-Despacho für deine körperliche Gesundheit oder deine Arbeit.

Ich schlage dir vor, deine Despacho-Erfahrungen mit der Liste des klassischen Ayni-Despachos zu beginnen. Die meisten Zutaten findest du im Supermarkt oder auf dem Wochenmarkt. Muscheln oder besonders Seesterne sind etwas sehr Kostbares, auch für die Paqos. Wenn du Glück hast, kannst du beides von deinem nächsten Nordseeurlaub mitbringen. Wenn du keinen Seestern verwenden möchtest, dann lässt du ihn einfach weg.

Die K'intus bestehen klassischerweise aus Cocablättern, du kannst aber auch frische Salbei-, Minze- oder Lorbeerblätter verwenden. Oder die Blätter stammen von einem Baum, dem du dich verbunden fühlst, zum Beispiel eine Hainbuche oder eine Birke. Die Blätter sollten kompakt sein, damit sie auch auf das kleine Papier passen. Ebenso kannst du die Nelkenblüten auch durch Rosen ersetzen. Generell sind regional-saisonale Zutaten natürlich ökologischer als importierte Blumen aus Übersee.

Für die Zutaten, die bei uns definitiv nicht zur Verfügung stehen, habe ich dir in Klammern Alternativen vorgeschlagen. Es geht darum, die Zutaten für das Despacho mit Liebe auszusuchen, nicht um die traditionelle Korrektheit. Arbeite einfach mit der Fülle, die du in deinem Land hast, und fühle dich frei, fehlende Zutaten wegzulassen oder zu ersetzen.

ZUTATEN FÜR EIN AYNI-DESPACHO

Mestana, ein Zeremonietuch

Etwa 50 x 50 Zentimeter groß. Darauf wird das Papier ausgebreitet. Eine Mestana kannst du bei den Paqos kaufen oder du nimmst stattdessen ein Halstuch, eine kleine Tischdecke oder einen gefalteten Strand-Pareo.

◆

Weißes Papier

Bei einer Person ca. 40 x 40 Zentimeter groß oder kleiner, bei einem Gruppen-Despacho 50 x 50 Zentimeter groß. Zum Beispiel Seidenpapier, Papiertischdecke von der Rolle, Geschenkpapier-Rückseite.
Das Despacho wird nur in der Mitte des Papiers gelegt, damit die Ränder später eingeschlagen werden können. Um Orientierungslinien zu erhalten, kannst du das Papier vorher mehrfach falten.

◆

Weißes Band

Zum Zubinden des Despachos.

◆

Ein Glöckchen

Zum Segnen des Despachos. Aus Peru oder aus deinem Haushalt.
Mit dem Glöckchen segnest du die Zutaten und das Despacho.

Zucker

Um Süße einzuladen. Wird oft für die vier Himmelsrichtungen in einem Kreuz gelegt.

◆

Zuckerwürfel

Mehr Süße für Pachamama.

◆

**Cocasamen
(Anissamen, getrocknete Wacholderbeeren, Leinsamen)**

Für die Inkatradition. Lädt sie ein,
bei deinem Despacho anwesend zu sein.

◆

Wiracoya-Heilkräuter (Schafgarbe, Kamille, Lavendel, Rosmarin, Salbei)

Bringt die Heilkraft der Pflanzen und der Berge, an denen sie wachsen.

◆

Reis

Fruchtbarkeit der Erde und Klarheit

**Ein paar Blumen und Blütenblätter
(klassisch sind rote und weiße Nelken)**

Rot repräsentiert die kosmische weibliche Energie – Pachamama. Weiß repräsentiert die kosmische männliche Energie – die Apukuna.
Die Blumen werden nicht im Ganzen gelegt, sondern die Blütenblätter werden entnommen und einzeln gelegt oder komplett aufgefächert.
So wird dein Despacho filigraner.

◆

Süßigkeiten

Wenn du rufst, dann rufe mit Süße! Pachamama liebt Süßigkeiten!

◆

Bunte Zuckerperlen

Kolibrifutter, der Nektar deines Herzens.

◆

Piedra Iman (ein magnetisches Gestein aus Peru; Alternativen sind z. B. Hämatit, Eisenerz)

Hält dein Universum zusammen, damit du dich nicht mehr weggibst und bei dir bleibst. Für die Rückholung von Seelenanteilen.

◆

Mais

Erdung, genährt sein, Kraft.

◆

Rosinen

Für die Spirits unserer Vorfahren.

◆

Feigen

Für die Spirits der Berge (Apukuna).

◆

Kekse/Süßigkeiten in Tierform

Für die Tierwelt.

◆

Buchstabennudeln

Kommunikation jenseits von Worten.

Spielgeld

Für den Erfolg des Despachos.

◆

Watte

Für die Wolken, für die Apukuna.
Das Despacho kann damit einen Rahmen bekommen oder du formst mit der Watte kleine Berge und setzt sie später auf das Mandala. Ebenso kannst du sie zu Beginn ausbreiten und darauf das Despacho legen.

◆

Räucherwerk (Copal, Weihrauch, weißer Salbei)

Reinigung, Gabe für die Apukuna.

◆

Regenbogengarn/-band oder Bastelwolle in Regenbogenfarben

Die Regenbogenbrücke zwischen den Welten. Das Despacho kann mit der Wolle, dem Band einen Rahmen bekommen.

◆

Glitzer

Für dein Strahlen und Sami.

◆

Konfetti

Freude, feiert das Leben.

◆

Lamafett (Kokosfett)

Das Lama steht für Sanftmut und Demut.

◆

Männliche und weibliche Minifigur (Sorgenpüppchen, Zuckerfiguren, Bonbons, aus Papier ausgeschnittene Figuren o. Ä.)

Sie repräsentieren Ayni von Gegensätzen (Yanantin genannt). Je nach Anlass für dein Despacho kannst du auch ein Haus, ein Auto für Reisen oder eine andere Figur deiner Wahl nehmen.

◆

Ein kleines Stück Seestern

Repräsentiert deinen inneren Stern, deinen Seelenweg.

◆

Goldener und silberner Faden (Lametta)

Repräsentieren Sonne und Mond und die Lichtkraft der Blitze.

◆

Goldenes und silbernes Metallpapier

Ca. 1 x 1 Zentimeter groß. Wir werden mit zwei Büchern geboren. Das goldende Buch (qori libro) ist schon geschrieben, und das silberne Buch (qolque libro) schreiben wir selbst.

◆

Goldene und silberne Flöte (gerolltes Metallpapier)

Verbindung mit dem unendlichen Licht und den weiblichen Energien des Universums, kosmische Musik. Du kannst einen Streifen Metallpapier (ca. 4 cm) längs um einen Zahnstocher wickeln.

◆

Goldene und silberne Zuckerperlen

Gold und Silber stehen für Sonne und Mond.

◆

Despacho mit Muschel

Ein Despacho mit einem gefüllten Muschel-Container als Topping (rechts auf der Watte).

◆

Eine Muschel (als Zentrum für das Despacho)

Steht für Mama Cocha, den Ozean, aus dem das Leben hervorging, Neubeginn. Diese Muschel kannst du mit verschiedenen Zutaten füllen oder leer lassen. Wenn du sie füllen möchtest, kannst du das Kokosfett hineingeben und die Zutaten dort hineinstecken.

◆

Rotwein und Weißwein in kleinen Bechern (Eierbecher)

Rot repräsentiert die kosmische weibliche Energie, Pachamama, und Weiß die kosmische männliche Energie, die Apukuna. Ganz zum Schluss werden mit einer Blüte einige Tropfen Wein über das Despacho verteilt. Nicht zu viel nehmen, da sonst das Papier durchweicht.

Ein Despacho hat viele Zutaten, das gebe ich zu. Die Liste erscheint dir vielleicht auf den ersten Blick sehr aufwendig. Vielleicht schreckst du sogar davor zurück, all diese Zutaten zu besorgen. Aber lass mich dich noch mal daran erinnern, dass du mit weitaus mehr Dingen und Energien im Universum verbunden bist, als hier überhaupt genannt werden. Du bist ein Teil des Kosmos! Dein Körper ist aus Pachamama gemacht! Die Weisheit deines Herzens ist mit den Bergen und Sternen verbunden! Und diese Liste gibt dir ein Gefühl dafür, auf welches Potenzial und auf welche Unterstützung du in deinem Leben zurückgreifen kannst. Ist dieses Netzwerk nicht fantastisch und berührend? Mit einem Despacho erzählst du Pachamama von deinen Problemen, deinen Bedürfnissen und deinem Seelenweg. Sie liest deine Energie in deinem Despacho und versteht dich ganz ohne Worte. Mit einem Despacho umarmst du all die kosmischen Quellen und deine kosmischen Familienmitglieder. Du beginnst, deine persönliche Beziehung zur Natur zu erwecken und zu heilen.

DESPACHO-ANLEITUNG

Du weißt nun schon eine ganze Menge über Despachos, und es ist an der Zeit, dein Wissen durch die eigene Praxis in persönliche Weisheit zu verwandeln. Du hast deine mit Liebe ausgewählten Zutaten, deine Lieblingsblätter und Blumen sowie etwas Rotwein und Weißwein bereitgestellt. Dein Zeremonietuch ist vor dir ausgebreitet.

An dieser Stelle möchte ich dich noch einmal daran erinnern, dass es bei dieser heiligen Arbeit kein Richtig und kein Falsch gibt – nur deine *Liebe*, deine *Kreativität* und ein großes *Ja* für dieses Abenteuer. Vertraue!

Auf die Zeremonie einstimmen

Bevor du ein Despacho machst, stimmst du dich auf die Zeremonie ein. Entspanne deinen Körper und fahre dein Alltagstempo herunter. Komme mit deinen Sinnen in Hier und Jetzt an.
Nimm dir nun einen Moment der Stille. In der Andentradition wird zur Einstimmung vor einer jeden Zeremonie ein Gebet zum Öffnen des heiligen Raumes gesprochen, laut oder in Gedanken. Ich stelle dir hier meine Variante vor, und du kannst sie so lange übernehmen, bis du deine eigenen Worte gefunden hast. Das heilige Wort »hampuy« bedeutet »komm« und »heile das, was meine Seele schon geheilt hat«. Es ist eines der wichtigsten Worte in der Heilarbeit der Anden. Jeder Vers wird mit einem bekräftigenden *Hayaya* abgeschlossen, das man in etwa mit »So ist es« übersetzen kann.

Gebet:

Öffnen des heiligen Raumes

ANTISUYU, KRAFT DES OSTENS,

Hatun Kuntur Apuchin! Großer Kondor, Hampuy!
Komm und heile das, was meine Seele schon geheilt hat.
Segne mich mit Klarheit.
Ich öffne mich für dein Licht und deine Visionskraft.
Sei mit mir. Hayaya!

QOLLASUYU, KRAFT DES SÜDENS,

große Regenbogenschlange Sachamama, hampuy!
Komm, große Körperheilerin,
bring dein Licht in meinen Tempel
und lass mich tief in der Erde verwurzeln.
Ich öffne mich für deinen Segen.
Sei mit mir. Hayaya!

KUNTISUYU, KRAFT DES WESTENS,

Mutter, Schwester Jaguar, Choqechinchay, Otoronqo, hampuy!
Segne mich mit emotionaler Klarheit.
Ich öffne mich für meine wahrhaftige innere Stärke.
Ich öffne mich für dein Licht.
Sei mit mir. Hayaya!

CHINCHAYSUYU, KRAFT DES NORDENS,

Kolibri, Siwar Q'ente! Q'omer Q'ente, hampuy!
Komm und heile das, was meine Seele schon geheilt hat.

Hampuy!
Erwecke den Nektar in meinem Herzen.
Segne mich mit deinem Licht.
Hayaya!

PACHAMAMA!

Pachamama! Hampuy!
Komm und heile das, was meine Seele schon geheilt hat.
Du bist all das, womit ich tief verbunden bin, Bäume, Flüsse, Berge, Wind, Tiere und Pflanzen.
Danke, dass du bist.
Ich öffne mich für dein Licht.
Hayaya!

TAYTA INTI, MAMA KILLA, CH'ASKAKUNA!

Hampuy, Vater Sonne, Mutter Mond und Sterne!
Segnet mich mit eurem Licht.
Hampuy! Great Spirit, ich trage dein Licht in mir.
Gib mir Kraft und Mut, dieses hell scheinen zu lassen.
Hatun Apukuna, ihr heiligen Berge! Ausangate, Salkantay, Machu Picchu, Wayna Picchu, Umantay, Wamanlipa, Pachatusan, Illimani, Waka Willka, Mama Simona, Alpen, Zugspitze, Watzmann, Drei Zinnen, Himalaya!
Ich fühle euch und öffne mich für eure Kraft.
Hayaya!

SONQOKUNA, ICH GRÜSSE DIE KRAFT ALLER HERZEN!

Hampuy, hampuy!
Ich spüre die Kraft in meinem Herzen und die Verbundenheit mit allen Herzen und Lebewesen, von den kleinsten der Erde bis zu den größten der Galaxie.
Ich bin mit euch verbunden. So ist es.
Hayaya!

Atme einmal tief ein und aus und spüre in dich hinein. Nimm dir jetzt die Zeit, deine Intention für das Despacho zu spüren.
Wo brauchst du Balance in deinem Leben?
Welche Aspekte bereiten dir Probleme?
Wo herrscht vielleicht Verwirrung oder Unklarheit in deinem Leben?
Es ist egal, ob es ein physisches oder ein emotionales Thema ist oder ob es um Entscheidungen in deinem Leben geht.
Mache dir diese Aspekte kurz bewusst und dann beginne mit deinem Despacho.

Das Despacho legen

Falte das Papier mehrfach. So erhältst du später in der Mitte des geöffneten Papiers einen Rahmen für dein Despacho. Segne deine Despacho-Zutaten, das gefaltete Papier sowie die Blumen und Blätter mit deinem Atem und dem Glöckchen. Nimm das Papier und puste deine Segnung hinein. Schwinge das Glöckchen über den Zutaten, den Blumen, den Blättern und danke Pachamama für diese Gaben. Wenn du kein Glöckchen hast, dann segne die Zutaten mit deinen Händen.

Papier vorbereiten und falten

Falte dein Papier zweimal diagonal, dann falte die rechtwinklige Spitze nach oben.

Öffne das gefaltete Papier und lege es auf die Mestana. Platziere auf dem Papier die vier Himmelsrichtungen, entweder mit Zucker, mit einer Zutat deiner Wahl oder mit jeweils einem K'intu für jede Richtung.
Bevor du die K'intus platzierst, betest du sie. Hier ein paar Ideen, wie du deine K'intus aufteilen könntest:

Papier mit Faltlinien zur Begrenzung

Die Faltlinien bilden den Rahmen, in dem du dein Despacho legst. So kannst du das Papier später einfacher einschlagen und dein Despacho einwickeln.

- Drei K'intus für die drei Welten.
- Vier K'intus für die vier Himmelsrichtungen und Elemente.
- Vier K'intus für den Great Spirit oben, für Pachamama unten, für die weiblichen Kräfte links, für die männlichen Kräfte rechts.

Natürlich kannst du auch noch ein K'intu für dein Thema beten und dieses dann in das Zentrum des Despachos legen. Jetzt könntest du auch mit einer Blüte oder der Muschel das Zentrum markieren.

Füttere dein Despacho mit den Zutaten der Liste. Dabei segnest du jede Zutat mit deinem Atem und kannst dich dabei an den Bedeutungen aus der Liste orientieren.

Du siehst in der Zutatenliste, dass wir uns in einem Despacho von den irdischen Zutaten, wie Mais und Reis, hinauf zum Kosmos vorarbeiten, der mit viel Gold und Silber dargestellt wird. Je weiter du fortschreitest, umso leuchtender wird dein Despacho. Platziere nach und nach alle Zutaten und segne jede Zutat mit deinem Atem.

Erste Zutaten

Nachdem du die vier Himmelsrichtungen und das Zentrum gelegt hast, folgen verschiedene Zutaten.

Weitere Zutaten

Die gelben Blütenblätter bringen viel Licht in das Despacho. Es verändert sich immer mehr und spiegelt deinen inneren Prozess wider.

Falls du zu Beginn keine Muschel gelegt hast, kreierst du nun den schönsten Muschel-Container der Welt mit ein paar Zutaten von der Liste.
Deine Muschel symbolisiert Neubeginn und ist in deinem Despacho ein Behältnis für die Schöpfungskraft. Du kannst also ein wunderschönes Boot aus der Muschel formen. Zuerst gibst du das Fett hinein, in das du alle Zutaten

Muschel-Container

Ihn kannst du mit Zutaten deiner Wahl bestücken. Häufig werden die Figuren, das silberne und goldene Buch sowie die Flöten darin platziert. Lass deiner Kreativität freien Lauf.

Fertiges Despacho

Das Despacho ist fertig. Nun kann es mit dem Glöckchen gesegnet und anschließend geschlossen werden.

steckst, die du möchtest, zum Beispiel Figuren, Blütenblätter, silberne und goldene Perlen, die Flöten und Konfetti. Im Fett hält alles sehr gut.
Wenn die Muschel fertig ist, pustest du deine Segnung hinein. Dann legst du sie in das Zentrum des Despachos.
Wenn du keine Muschel benutzen möchtest, ist das auch in Ordnung. Es gibt verschiedene Varianten eines Ayni-Despachos.
Nachdem du alle Zutaten platziert hast, kannst du in das Despacho hineinfühlen. Gibt es irgendetwas, was dir fehlt? Finde die fehlende Zutat oder das letzte Blütenblatt, das es für dich rundmacht. Du wirst wissen, wann es vollbracht ist. Vertraue deinem Gefühl. Dann gib ein paar Tropfen Wein auf das Despacho und schließe die Arbeit ab.

Das Despacho segnen

Wenn alles fertig ist, segnest du dein Despacho mit dem Glöckchen oder deinen Händen. In Peru hält der Despacho-Leger das Glöckchen in einer Hand und schwingt sie über dem Papier. Dabei spricht er seine Gebete und dankt allen Kräften von Pachamama. Alle anderen Teilnehmer rücken näher an das Des-

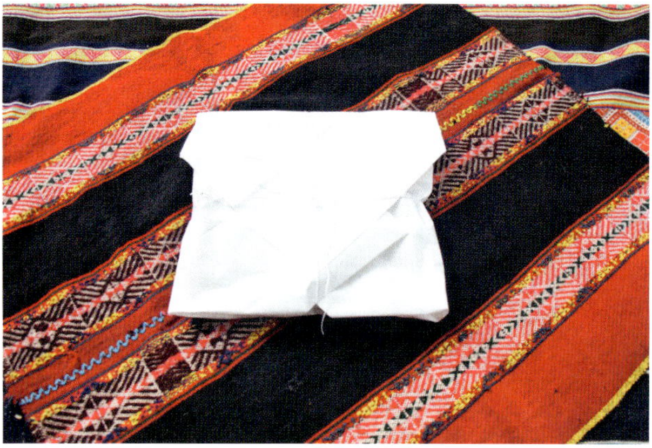

Despacho schließen

Um das geschlossene Despacho wickelst du das Band und verknotest es.

pacho heran und richten ihre Handflächen in die Richtung des Despachos. Sie schließen ihre Augen und segnen das Despacho in Stille. Du selbst kannst dein Glöckchen in die eine Hand nehmen und die andere Hand über das Despacho halten. Dabei kannst du die vier Himmelsrichtungen rufen, die Elemente, die Berge, die Seen, die Meere, die Flüsse und die Sterne. Vater Sonne (Tayta Inti), Mutter Erde (Pachamama), Großmutter Mond (Mama Killa) und all die Paqos, die bereits vor dir Despachos gemacht haben. Du kannst auch das Gebet für den

Despacho in Mestana eingepackt

Um das geschlossene Despacho wickelst du dein Zeremonietuch, deine Mestana. So bleibt es bis zur Feuerzeremonie geschützt.

heiligen Raum noch mal sprechen. Es ist dein persönliches Abschlussgebet – lass es fließen!
Nach dem Abschlussgebet kannst du das Despacho fotografieren, wenn du möchtest. Vielleicht für deinen Altar zur Erinnerung?
Dann ist es an der Zeit, loszulassen und das ganze Kunstwerk in dem Papier einzuwickeln. Du faltest das Papier und bindest es vorsichtig mit dem Faden zu. Die Paqos sagen, dass man das Despacho nicht umdrehen soll, weil sonst die Gebete herausfallen. Also schiebst du die Fäden seitlich unter das Paket. Aber mach dir keine Sorgen, falls du es doch umdrehst. Das ist auch in Ordnung, und ich habe es bisher nicht erlebt, dass es dann schlechter gewirkt hätte. Zum Schluss wickelst du das Paket in dein Zeremonietuch ein. Dort verbleibt es bis zur Feuerzeremonie. Zum Verbrennen holst du es dann wieder heraus.

Mit Gebeten reinigen

Wenn du das Glück hast, mit anderen netten Menschen das Despacho zu machen, dann könnt ihr euch hinterher mit dem im Zeremonietuch eingewickelten Despacho reinigen. Gebete sind in der Tat der süßeste und kraftvollste Weg einer Reinigung. Du wirst es entdecken!
Die Person, die gereinigt wird, stellt sich entspannt hin und schließt die Augen. Wenn du reinigst, legst du das Despacho zuerst auf den Kopf der Person und führst es dann langsam vorne über das Gesicht und den Körper hinab bis zu den Füßen. Dabei streichst du mit dem Bündel sanft über den Körper. Es fühlt sich gut an, von dem Stoff des Zeremonietuches wirklich berührt zu werden. Aber reibe das Despacho nicht zu fest, damit es nicht zerbricht.
Du reinigst Kopf, Herz und Bauch, Schultern und Arme und anschließend die Beine. Dann dreht sich die Person um, und du beginnst wieder beim Scheitel, reinigst Hinterkopf, Nacken und Herzraum, Schultern, den gesamten Rücken, Hüfte und Beine. Dann führst du das Despacho noch einmal jeweils seitlich vom Scheitel, über die Schultern und die Arme bis zu den Händen.

Abschließend berührst du mit dem Despacho die Erde neben den Füßen der Person und pustest ein paar Mal darüber, sodass die gereinigte Hucha in die Erde fließen kann.
Anschließend könnt ihr tauschen.
Wenn du allein ein Despacho machst, lässt du diese Reinigung einfach weg.

Das Despacho verbrennen

Um das Despacho zu verbrennen, baust du ein kleines Feuer auf. Lege als Basis mit zwei Stöcken ein flaches Kreuz, wie ein X. Dann packe eingedrehtes Zeitungspapier drauf, anschließend kleine Stöcke, dann größere und am Schluss die dicksten. Mit der Zeit wirst du lernen, wie viel Holz das Feuer braucht, um das Despacho zu verbrennen.
Jetzt entzündest du das Feuer – vielleicht mit einem Lied? Wenn die Flammen genug Kraft haben, legst du das Despacho obendrauf, außerdem den Rest der Papiertüten oder der Blumen. Drehe dich vom Feuer weg und schließe deine Augen. Deine Gebete werden nun ins Universum gesendet – getragen vom Spirit des Kondors. Vielleicht kannst du ihn die Süßigkeiten im Feuer schmatzen hören. Drehe dich erst wieder um, wenn du das Gefühl hast, dass das Despacho verbrannt ist. Das kann zehn bis fünfzehn Minuten dauern. Dann lässt du das Feuer ausbrennen, bis nur noch Glut übrig ist.
Hab schöne Träume, vielleicht senden sie dir eine Botschaft!

Die Zeit nach dem Despacho

In den Tagen und Wochen nach der Despacho-Zeremonie wird dir Pachamama Gelegenheiten schicken, dich aktiv mit deinen Gebeten auszurichten. Das können Chancen sein, die du ergreifen kannst, Ideen oder plötzliche Erkenntnisse oder sogar ein Streit oder eine Diskussion, um Dinge zu klären. Was auch immer kommt, es ist gut für deine Entwicklung!

Ein Despacho hat enorm viel Kraft. Ich selbst habe mit Despachos schon meine Energien für neue Arbeitsplätze, einen Hauskauf und auch für Projekte und Heilungen harmonisiert, und die Ereignisse waren oft schneller da, als ich erwartet hatte. Auch Kursteilnehmer und Klienten berichten mir von großartigen Chancen, die sie durch ihre Despachos bekommen haben. Aber gehen müssen wir diese Wege selbst.

Erwarte bitte nicht, dass sich dein Leben von heute auf morgen radikal verändert und sich deine Probleme in Luft auflösen. Despachos sind keine »heile Zauberwelt«, in die man vor der Realität flüchten kann.

Mache hin und wieder Despachos und baue damit Stück für Stück eine stabile und tragende Beziehung zu Pachamama auf. Sie wird deine Wurzeln erwecken, dich erden und mit deinem Leben konfrontieren – mit dem, was du schon hast und mit all dem, was außerdem noch möglich ist …

Despacho-Tipps

Wenn du mit deinen Despachos beginnst, ist es hilfreich, dir einen Basisvorrat bestimmter Zutaten zuzulegen. Der Garten oder die Natur beschenken dich zusätzlich zu jeder Jahreszeit mit Kräutern, Blättern, Blumen oder Samen, die du benutzen kannst.

Lasse dich nicht von deiner Zeremonie abhalten, nur weil du meinst, dir fehle eine ganz bestimmte Zutat auf der Liste. Nimm das, was dir zur Verfügung steht. So kannst du auch anstelle eines schönen weißen Seidenpapierbogens einfach die Rückseite von gebrauchtem Geschenkpapier benutzen. Dann ist das Despacho eben von außen gemustert.

Das habe ich immer zu Hause:

Muscheln
Rotwein/Weißwein
Metallpapier (silber/gold)
getrocknete Samen und Bohnen
Piedra Iman (magnetisches Gestein aus Peru)
Regenbogenwolle
Räucherwerk
kleine Figuren
Zucker, Mais und Reis
Süßigkeiten

Ich habe mir eine kleine Aufbewahrungskiste gekauft, in der ich meine Despacho-Zutaten lagere (auch weil die Mäuse manche Zutaten ganz gerne fressen). Die Gäste, die zu meinen Despacho-Zeremonien kommen, lieben diese Kiste!
Ich biete die Zutaten manchmal in kleinen Gläsern an, sodass man die ganze Fülle sieht und jeder frei wählen kann. Traditionell sind alle Zutaten in Zeitungspapier eingewickelt, sodass man nicht sieht, wo was drin ist. Ab und zu wickle ich auch alle Zutaten ein und mache ein Despacho-Kit zum Mitnehmen. Beide Varianten sind schön.

Variation: Mini-Despacho

Ein kosmischer Gruß muss nicht immer ein großes Despacho sein. Du richtest dich bereits aus, indem du öfter ein K'intu betest.
Nimm drei Blätter, die gerade vorhanden sind, und bete für dich und die Erde – spüre, wie du dich mit ihr in Einklang bringst. Puste so lange, bis du dich gut und angebunden fühlst.
Dann legst du das K'intu auf der Erde ab. Falls du dich in Einklang mit einem Fluss bringen möchtest, gibst du das K'intu in das Wasser. Oder beginne deinen

Tag mit einem K'intu, wenn du aus dem Haus gehst. Grüße die Welt, leg es ab und gehe dann weiter zur Arbeit.

In Peru ist die Kommunikation mit der Erde sehr lebendig. Die Paqos haben nie aufgehört, mit ihr zu sprechen. Sie erzählen ihr ihre Sorgen und teilen ihre Freuden mit ihr. Sie haben ihr ganzes Leben lang Despachos für ihre Beziehung zu Pachamama gemacht.

Als ich anfing, diese Kosmologie in Deutschland zu leben, war ich sehr erstaunt, was mir begegnete. Zuerst habe ich unserem Fluss ein paar Blumen gegeben (eine Art Öko-Version eines kleinen Gebetsbündels, weil ich kein Plastik in das Wasser geben wollte). Als ich in die Blumen atmete und mich unserem Fluss mit meiner einzigartigen Energie vorstellte, war der Fluss sehr überrascht, dass überhaupt jemand mit ihm sprach. Das Gleiche passierte mir, als ich anfing, mit Orten wie meiner Wohnstraße, meinem Grundstück und meiner Praxis zu kommunizieren. All die unterschiedlichen Spirits waren sehr überrascht und glücklich über diese neue Ansprache, die sie seit Jahrhunderten vermisst hatten. Aus diesem Blickwinkel betrachtet ist die Despacho-Arbeit ein Segen für das gesamte Land. Für unsere Berge, unsere Flüsse, unsere Wälder und unsere Städte. Je öfter sie gesehen werden, desto lebendiger werden sie.

So kannst auch du jeden neuen Ort, jede Stadt, jeden Ozean oder Fluss begrüßen. Immer, wenn ich reise, und wenn es nur eine Städtereise ist, bringe ich eine kleine Gabe mit. Ich atme mit dem Fluss der Stadt, mit dem Pazifischen Ozean, mit den Bergen in den Alpen und mit den Tempeln in den Anden. Despachos sind für alle Reisenden eine riesige Bereicherung! Der Ort, dem du etwas schenkst, wird Teil deiner kosmischen Familie.

Einfaches und kraftvolles Despacho

Despacho für Heilung

Ein Despacho muss nicht immer groß sein und sämtliche Zutaten der Liste beinhalten. Wenige Zutaten reichen ebenfalls aus und mindern die Kraft deiner Gabe nicht im Geringsten.

SCHAMANISCHE

Übungen

Wenn du Pachamama etwas anbietest, dann wird sie dir alles geben. Sie wird dir spirituelle Wege öffnen, deinen Weg schützen und dir Reisen ermöglichen. Wohin du gehst und wo du bist, wird sie mit dir sein. Sie hat eine sehr süße Energie – mit sehr viel Liebe. So ist Pachamama.

DON MARIANO QUISPE FLORES

HEILUNG DEINER
Beziehung zu Pachamama

In der Andentradition beginnt jede Heilungsreise mit der Heilung unserer Beziehung zu Pachamama. Sie verhilft uns zu Kräften, heilt unseren Körper, bewegt Dinge in unserem Leben und fängt uns auf, wenn wir am Boden zerstört sind und nicht wissen, wohin mit unseren Gefühlen. Unsere Verbindung zu ihrer Natur ermöglicht uns Liebe – diese Liebe ist die Essenz unserer Selbstheilungskräfte.

Um deine ganz persönliche Bindung zu Pachamama aufzubauen, führt dein Weg in die Welt der lebendigen Energien – der Kawsay Pacha. Hier kannst du deine und Pachamamas Essenz kennenlernen sowie dein und ihr immaterielles Universum entdecken. Einen wichtigen Aspekt für dein Ayni, deine Wechselwirkung, mit Pachamama habe ich dir bereits ausführlich vorgestellt – die Despachos. Um deine Beziehung zu ihr zu heilen, beginnst du, mit ihr zu kommunizieren. Übe Despachos oder widme ihr in deinem Alltag hin und wieder ein K'intu oder eine Blume. Mit jeder Gabe stärkst du deine Anerkennung ihrer Existenz. Traue dich, auch mit Worten zu Pachamama zu sprechen. Du kannst sie morgens grüßen und ihr abends von deinem Tag erzählen. Das gesprochene Wort hat eine starke Kraft. Das uralte Wissen der weit zurückliegenden Prä-Inka-Kulturen, unserer Lichtahnen, wurde in erster Linie oral tradiert. Die Quechua-Sprache, in der diese Kosmologie bis heute lebendig gehalten wurde, birgt deshalb ein enormes Heilungspotenzial. Aus diesem Grund findest du im Anhang des Buches ein ausführliches Glossar, in dem du auch nachlesen kannst, wie die Quechua-Worte ausgesprochen werden. Aus eigener Erfahrung kann ich dir empfehlen, einige Wörter, wie die für Mutter Erde, die Elemente oder die Archetypen, in deinen Sprachgebrauch zu übernehmen und in deinen Meditationen mit Pachamama zu verwenden. Sie werden seit Jahrtausenden ausgesprochen, um mit dem Kosmos zu kommunizieren, und enthalten eine sehr starke, etablierte Energiebahn, die es dir einfacher macht, dich mit den Aspekten der Kawsay Pacha zu verbinden. Es ist wieder dieser uralte Fluss, den du mit deinem Boot befahren kannst.

Ein besonders wichtiges Wort ist »Hampuy«. Es heißt wörtlich übersetzt »Komm«, aber auch »Komm und heile das, was meine Seele schon geheilt hat«. Diese tiefere Bedeutung ist sehr viel größer als die reine Übersetzung.

So ist die einfachste Übung für dich, herauszufinden, was geschieht, wenn du »Pachamama, hampuy, hampuy« sagst. Wie fühlt es sich in dir an? Was geschieht mit deinem Körper und deinen Gefühlen, wenn du dich mit Pachamama auf diese Weise verbindest? Was geschieht mit dir, wenn du dich in diese Worte hinein entspannst?

Eine kleine Hilfe für deine Kommunikation mit der Natur ist, dir vorzustellen, wie du mit einem Tier sprechen würdest. Wie ist deine Stimmlage, wenn du einen jungen Hund siehst, dich hinhockst und ihn zu dir rufst, um ihn zu begrüßen? Rufe diese innere Freude ab, die in dir entsteht, wenn du ein Tier berührst. Die Sanftheit und bedingungslose Liebe, die wir in so einem Moment empfinden, schwingt in unseren Worten mit. Benutze diesen kleinen Trick, um die energetische Bahn zu Pachamama zu finden. Sie ist eine tolle Brücke.

In diesem Kapitel zeige ich dir fünf wichtige Übungen, die dir helfen können, dich zu erden, zu spüren, auszurichten, zu reinigen und aufzuladen. Diese schamanischen Übungen sind sehr wirkungsvoll.

Alle fünf Übungen habe ich auch für dich aufgenommen, um dir die Praxis zu erleichtern. Du kannst sie hier herunterladen: https://www.randomhouse.de/Der-Ruf-von-Mutter-Erde

Die eigentliche Bedeutung dieser Übungen liegt in den Effekten, die sie auf dich und dein Leben haben. Kleine Effekte sind häufig direkt spürbar, und größere Veränderungen beginnen mit einer regelmäßigen Übungspraxis. In der schamanischen Andentradition leiten die verschiedenen Heilungstechniken einen Weg der Veränderung ein. Im Vordergrund steht immer das Entdecken deiner persönlichen Beziehung zur Welt und zu deinen inneren Anteilen. Die Initiationen, Zeremonien, die Healings und die Steine helfen dir dabei, diese Beziehungen zu heilen, zu erkennen, wie sie sind, und sie dann liebevoll und wertschätzend zu gestalten. Ein weitverbreitetes Problem unserer Gesellschaft ist, dass die meisten Menschen überhaupt keine Beziehung zu Pachamama haben. Wenn ich meine Klienten frage, wie ihre Beziehung zur Erde und zur Natur ist, dann blicke ich in ratlose Gesichter. Diese Frage ist für viele überraschend, und meistens stellen sie fest, dass sie nicht wissen, welcher Art oder Qualität ihre Verbindung zu Pachamama ist, oder dass sie gar keine Beziehung zu ihr haben. Was ist mit dir? Wie ist deine Beziehung zu Pachamama?

Unsere Beziehung zu Pachamama beginnt in den sichtbaren Bereichen wie unserer Achtsamkeit für Nahrungsmittel und Ressourcen und führt in den Genuss von grünen Landschaften und Naturparadiesen. Aber sie reicht wahrlich bis in ihre unsichtbaren Dimensionen, die unsere Gefühlswelten und unsere Seele berühren.

Wenn du beginnst, Pachamama zu entdecken, hast du mit der schamanischen Arbeit die Möglichkeit, jene rein energetischen Bereiche und ihre Wechselwirkungen mit dir zu erkunden, die dir sonst verborgen bleiben. Sobald du mit der Energie deines Körpers arbeitest, mit der Hucha und dem Sami in deinem Energiesystem, beginnst du, dich in allen drei Welten von Pachamama zu verändern. Unsere physische Entsprechung in der Mittelwelt kennen wir gut. Unsere energetische Form kennen wir aber meist nicht. Hier beginnt die schamanische Arbeit.

In deiner Heilung und Rückverbindung richtest du dich mit den Kräften der Natur und des Kosmos aus und lädst dich mit ihnen energetisch auf. Die Orte, an denen du die einzelnen Energiequellen dafür findest, sind nur energetisch zu erreichen. Wir gehen nicht physisch bis zur Sonne oder dem Mond, um uns mit ihnen zu verbinden. Diese Art der immateriellen Ortsveränderung ist unter dem Begriff »schamanisches Reisen« bekannt. Es ist eine innere Reise, eine Reise mit deinem Bewusstsein.

In der schamanischen Andentradition »reisen« wir ganz unspektakulär und immer im Kontakt mit dem eigenen physischen Körper. Hier geht es nicht darum, den eigenen Körper für eine Reise zu verlassen. Deshalb legen sich die Paqos auch nicht für längere Zeit hin oder erzeugen Dunkelheit mit einer Augenbinde, wie man es aus anderen schamanischen Traditionen kennt. Es ist vielmehr eine Art Meditation und innere Verbindung unseres Körpers, unseres Zuhauses, mit dem Kosmos. Stell dir vor, du dehnst dich von hier bis zu einer Energiequelle aus und stehst dabei mit deinem Körper und der Energie gleichzeitig in Kontakt. Wie das genau funktioniert, wirst du herausfinden, wenn du die folgenden Übungen machst.

An dieser Stelle möchte ich dir noch die Hüter der Unterwelt und der Oberwelt vorstellen. So, wie du um Erlaubnis gefragt werden möchtest, ob dich jemand berühren oder dir näherkommen darf, gilt es, diesen Respekt auch den energetischen Räumen und Energiequellen gegenüber zu bewahren. Bevor wir etwas tun, bitten wir um Erlaubnis oder Unterstützung.

Der Hüter der Unterwelt heißt *Huascar Inka* und der Hüter der Oberwelt wird *Pachakuteq Inka* genannt. Diese Namen stammen von großen Inka-Regierenden. Es gibt Legenden, die erzählen, wie sie zum Hüter der Welten geworden sind, obwohl die drei Welten bereits viel älter sind als das Inkareich.

In den entsprechenden Übungen leite ich dich, sodass du lernst, dich mit ihnen zu verbinden.

ERDUNG UND VERTRAUEN

In dieser ersten Übung kannst du dein Vertrauen zu Pachamama stärken und üben, dich in der Verbindung mit ihr zu entspannen. Vertrauen ist der wichtigste Grundbaustein für alle Übungen und deine Beziehung zur Natur. Stress, Anspannungen und Angst blockieren deinen Energiefluss. So können viele unserer Gedankenmuster dazu führen, dass wir meinen, unser Leben kontrollieren zu müssen, etwas erreichen oder sein zu müssen. Mit einer derartigen Kontrolle stoppen wir jedoch den Energiefluss zwischen uns und Pachamama. Auch unser hektischer Alltag baut viele körperliche Anspannungen auf. Stress und die daraus resultierenden Anspannungen trennen dich von deinem Körper, somit von Pachamama und entreißen dir deine Erdung. Mit dieser Übung kannst du diese Trennung langsam schmelzen lassen.

Pachamama berühren

Auf der Erde zu sitzen und Pachamama direkt mit meinen Händen zu spüren, baut in mir eine starke Verbindung zu ihr auf.

Deine Intention und deine Absicht, dich mit Pachamama zu verbinden, machen den Anfang. Alles Weitere folgt nach und nach von allein. Es ist eine einfache Übung zur Erdung und zur Stärkung deines Urvertrauens, und sie ist die Basis für alle weiteren Übungen. Ich rate dir, dich vor allen anderen Übungen immer erst zu erden und bei dir anzukommen. Den Audio-Download zu dieser Übung findest du hier: https://www.randomhouse.de/Der-Ruf-von-Mutter-Erde

Schamanische Übung 1:

Erden – mit Pachamama verbinden

- Setze dich auf die Erde. Du kannst dich in den Schneidersitz setzen oder die Beine ausstrecken. Du kannst dich an eine Wand anlehnen oder im Freien an einen Baum. Wichtig ist, dass du entspannt sitzen kannst. Besonders im Herz-Raum zwischen den Schulterblättern sammeln sich ansonsten leicht Anspannungen an.
- Komme ganz in deiner Position an.
- Leg nun deine Hände auf die Erde – vor dir oder neben dich. Gib das Gewicht deiner Arme ganz an die Erde ab.
- Fühle deine Berührung mit der Erde. Fühle deine Verbindung über deinen Schoß und deine Hände.
- Atme ein paar Mal tief ein und aus und löse Anspannungen in deinem Körper, atme sie aus. Lass sie los. Entspanne.
- Erlaube, dass dein Atem nun beim Ausatmen in die Erde fließt. Er fließt über deine Hüften und deine Hände in die Erde hinein.
- Wenn du magst, kannst du Pachamama beim ersten Mal mit einem Atemzug in Gedanken deinen Namen senden oder dich einfach bei ihr vorstellen, indem du deinen Namen aussprichst.

- Du brauchst nichts weiter zu tun, als dich in diese Verbindung hinein zu entspannen.
- Probiere aus, wie sich deine Verbindung verändert, wenn du Mutter Erde rufst: Mache dies so sanft, als wenn du einen Hundewelpen rufen würdest.
- »Hampuy, Pachamama, hampuy, hampuy. Hampuy, Pachamama, hampuy, hampuy, hampuy, hampuy.«
- Atme weiterhin mit der Erde und entspanne.
- Atme deine Energie in die Erde aus. Und wenn du einatmest, dann atmest du die Energie der Erde über deine Hüften und deine Hände ein.
- Erlaube den Austausch zwischen dir und Mutter Erde. Sende ihr deinen Segen und lass dich von ihr ebenfalls segnen.
- Beende die Übung, wenn du dich bereit fühlst. Komme mit deinen Händen und deinem Atem wieder ganz bei dir an. Danke, Pachamama, für diese Begegnung.

DEIN ACHTES CHAKRA – die Wiraqocha

In der Andentradition gibt es ein Energiekörpersystem, das teilweise mit dem Chakra-System der indischen Lehre übereinstimmt, in dem es sieben Hauptchakras gibt. Auf Quechua heißen die Energiezentren »Ñawis«, das bedeutet »Augen«. Die schamanische Tradition benennt neben diesen sieben Ñawis noch weitere Zentren und Energiepunkte, die von Bedeutung sind. Je nach Kontext und energetischer Arbeit werden unterschiedliche Punkte angesprochen. So können die sieben Chakras einzeln ausbalanciert werden, vom Wurzelchakra über das Nabelchakra, das Solarplexus-, Herz-, Hals- und Stirnchakra bis zum Scheitelchakra. In einigen energetischen Techniken gibt es wiederum Variationen und Kombinationen mit anderen Energiepunkten und den drei Hauptzentren. Je nach Intention können bei der Energiearbeit die drei Zentren, die sieben Chakras, aber auch die rückseitigen Chakras an der Wirbelsäule oder besondere Energiepunkte einbezogen werden.

Ein Chakra ist aber essenziell für alle energetischen Arbeiten. Es ist das achte Chakra, welches eine Handbreit über deinem Kopf liegt. Es verbindet dich mit 352 Ebenen über deinem Kronenchakra, sagen die Paqos. Sie nennen dieses Chakra »Wiraqocha«, was so viel wie »Schöpfer« heißt. Über dieses Chakra stehen wir mit unserer Seele in Verbindung.

Vater Sonne, Tayta Inti, ist in der schamanischen Andentradition das Bindeglied zwischen Körper und Seele. Deshalb bezeichnet das Wort »Inka« auch die »Kinder der Sonne«. Das Symbol dieser Verschmelzung und unseres achten Chakras ist ein Diamant. Das Diamantenmuster heißt »Inti« und steht symbolisch für die Verbindung zu Vater Sonne, Tayta Inti. Es repräsentiert die Verschmelzung von Körper und Seele. Auf den Mützen und Ponchos der Paqos ist häufig die gewebte Form eines Diamanten zu sehen, besonders bei den Mützen ist ein Diamant so platziert, dass er direkt über der Stirn erstrahlt.

Wenn du mit deinen Händen über deinen Kopf fasst, dann findest du dort deine Wiraqocha, dein achtes Chakra über dem vorderen Rand deines Scheitels. Es ist eine Lichtkugel, ein Ball oder einfach eine energetische Verdichtung, die du erspüren kannst. Auch wenn du nichts fühlst, wird deine Intention die Ebenen zu deiner Seele öffnen. Und allein das Öffnen deiner Wiraqocha ist auf vielen Ebenen sehr heilsam.

Generell ist das Öffnen des achten Chakras, der eigenen Wiraqocha, die Basis für jede weitere Übung und Form der Energiearbeit, damit unsere Handlungen aus der Führung unserer Seele heraus geschehen. Ich empfehle dir aber, dich zunächst zu erden und dein Stress- und Anspannungslevel herunterzufahren. So wird jede weitere Handlung, wie das Öffnen deiner Wiraqocha, sehr viel kraftvoller. Aber wenn du erst deine Wiraqocha öffnen und dich dann erden möchtest, ist das auch in Ordnung. Beide Schritte sind wichtig und die Basis für die weiterführenden Übungen. Ebenfalls kannst du Übung 1 und Übung 2 als kleine abgeschlossene Übungseinheit praktizieren, dich erden und deine seelische Verbindung über deine Wiraqocha herstellen. Es ist eine tolle Kombination, um einen neuen Tag zu beginnen.
Den Audio-Download zu dieser Übung findest du hier:
https://www.randomhouse.de/Der-Ruf-von-Mutter-Erde

Gewebtes Inti-Muster

In der Webkunst der Q'ero, der direkten Inka-Nachfahren, finden sich viele Diamantenformen. Sie symbolisieren die Sonne »Inti« und die Verschmelzung von Körper und Seele.

Schamanische Übung 2:

Fühlen – deine Wiraqocha öffnen

- Setze oder stelle dich bequem hin. Du kannst dich in den Schneidersitz setzen oder die Beine ausstrecken. Du kannst dich auch an der Rückenlehne eines Stuhls anlehnen. Wichtig ist, dass du entspannt sitzen kannst. Sorge dafür, dass du eine Armlänge Platz um dich herum hast.
- Entspanne dich für einen Moment und komme ganz bei dir an.
- Nimm dich wahr, so, wie du dich jetzt anfühlst. Nimm deinen Körper wahr – Spannungen und Weichheit. Und nimm auch dein Energiefeld wahr. Spüre, wie weit dein Energiepuffer um dich herum reicht.
  Wo hast du viel Energie und wo wenig oder gar keine?
  Wie ist die Textur oder Struktur dieses Energiefeldes? Dicht, dünn, fest, flüssig, hell, dunkel, starr, beweglich, schwer oder leicht?
  Du kannst dein Energiefeld innerlich erspüren oder deine Hände zu Hilfe nehmen, um den Raum um dich herum zu erkunden. Lass deine Hände den Bereich um deinen Körper herum scannen, abtasten, lass sie langsam hindurchgleiten.
- Nun hast du einen Eindruck von deinem jetzigen Zustand.
- Als Nächstes erkundest du innerlich dein achtes Chakra, das sich eine Handbreit über deinem Kopf befindet. Frag dich intuitiv, welche Farbe es hat. Du kannst es dir vorstellen, musst es aber nicht bildlich vor dir sehen. Frag dich, wie groß es ist. Wie ein Apfel, ein Tischtennisball oder doch eine Melone? Sende deine Aufmerksamkeit zu deinem achten Chakra, eine Handbreit über deinem Kopf, und erkunde es für einen Moment.
- Führe nun deine Hände vor deinem Herzen zur Gebetshaltung zusammen. Bring die geschlossenen Hände nach oben, eine Handbreit über deinen Kopf. Du tauchst mit deinen Händen nun direkt in dein achtes

Chakra hinein. Öffne leicht deine Hände und erkunde die Textur in diesem Zwischenraum. Bewege deine Hände aufeinander zu und voneinander weg – fühle den Bereich zwischen deinen Händen.

- Dann ziehe dieses Energiefeld auseinander und öffne deine Arme. Lass die Arme an den Seiten langsam herabsinken und führe deine Hände bis zu deinen Füßen. Du öffnest deine Wiraqocha rundherum und hüllst dich komplett mit ihrem Licht ein.
- Dann richte dich wieder auf.
- Erlaube, dass dieses Licht nun in dein gesamtes Energiefeld fließt. Es fließt von deinem achten Chakra hinab in deine Aura, umspielt deinen Körper, es fließt durch deinen Kopf, deinen Hals, deinen Brustkorb, hinein in deinen Bauch, dein Becken bis in deine Beine. Alles in deinem Körper und um deinen Körper herum wird von dem Licht deiner Wiraqocha gereinigt und harmonisiert. Lass dir etwas Zeit, damit sich deine Energie neu ausrichten kann.
- Dann spüre noch einmal nach. Was hat sich verändert? Wie weit reicht nun dein Energiepuffer um dich herum? Wo hast du viel Energie, wo wenig oder keine?
- Wenn du magst, kannst du das Licht mit deinen Händen in deinem Energiefeld verteilen und bedürftige Stellen auffüllen, ausbessern und heilen. Hole dafür mit deinen Händen immer wieder Licht aus deinem achten Chakra und bringe es in dein Energiefeld – verteile es, webe es hinein.
- Beende die Übung, wenn du so weit bist. Schließe deine Wiraqocha wieder, indem du sie mit den Händen von deinen Füßen aufnimmst, seitlich deine Arme hebst und die gesamte Energie wieder über deinem Kopf zusammenführst.

Sobald du dich mit deinem Energiefeld beschäftigst und es in unterschiedlichen Situationen kennenlernst, wirst du eine ganze Menge über dich selbst entdecken. So kann das Öffnen deiner Wiraqocha einen wahrnehmbaren Unterschied für dich machen, der sich auch in deinen Handlungen spiegelt. Ich selbst gehe nicht permanent mit geöffneter Wiraqocha durchs Leben, aber ich öffne sie häufig in Form einer Übung, verändere mein Energiefeld dadurch und schließe sie dann wieder.
In Situationen, in denen ich chaotischen äußeren Einflüssen ausgesetzt bin, öffne ich meine Wiraqocha, um meinen Raum zu stärken. Das mache ich mittlerweile allein mit meiner Absicht, ohne dass es für andere sichtbar ist. In unserem logischen Verständnis denken wir, dass alles, was wir öffnen, auch irgendwann geschlossen werden muss. In der herzbasierten und weniger logischen Andentradition ist es jedoch in diesem Fall anders. Du kannst deine Wiraqocha öffnen und sie geöffnet lassen, wenn es sich richtig für dich anfühlt. Die Intensität dieser Öffnung nimmt automatisch mit der Zeit ab, weil du dich im Alltag auf andere Sachen konzentrierst. Mach dir einfach bewusst, dass du mit dieser Übung deine Seele besser spüren kannst, weil du das Energiefeld aus deinem achten Chakra über deinen gesamten Körper ziehst. Aber die Verbindung zu deiner Seele und dein achtes Chakra sind trotzdem immer da, auch wenn du deine Wiraqocha nicht geöffnet hast.

STÄRKUNG DEINES RAUMES

Dein Energiefeld ist der Raum, in dem du dich bewegst. In deinem Raum befindet sich alles, was zu deinem Universum gehört und womit du in einem Austausch stehst. Wir wünschen uns oft, noch mehr bei uns zu bleiben, uns zu zentrieren oder deutlicher zu spüren. Wenn man die eigene Klarheit verliert und äußere Umstände, Stimmungen und Gefühle uns zu sehr beeinflussen, dann geschieht dies, weil die Energien dieser äußeren Umstände mehr sind als die Energien der Natur in unserem Raum. Im Sinne von Ayni können wir diesen Austausch nicht verhindern. Sobald wir mit anderen Menschen Kontakt haben, entsteht eine Wechselwirkung.

Um unseren Raum zu stärken, können wir aber bewusst einen Austausch mit stabilisierenden Instanzen der Natur nutzen: mit den vier Himmelsrichtungen, Pachamama, dem Great Spirit und unserem Herzen. Diese sieben Energiequellen richten dich mental, emotional und physisch aus. Sie balancieren deine Vorder- und Rückseite, deine linke und rechte Seite, deine Erdung und deine Verbindung zum Himmel und bringen natürliche Ordnung in deinen Raum. Sie verankern dein Bewusstsein in deinem Zentrum, deinem Herzen und helfen dir somit, allen Einflüssen mit der nötigen Stabilität zu begegnen. Denn wir können es nicht vermeiden zu fühlen, was um uns herum geschieht. Unerträglich wird es nur, sobald wir uns damit identifizieren und glauben, dass wir diese Gefühle sind.

Der Schlüssel für einen stabilen Raum ist die Identifikation mit unserer wahren Natur. Die Übung zur Aktivierung der sieben Sonnen hilft dir dabei. Mit dieser Übung richtest du dich mit der Natur aus, stärkst dein Energiefeld, kannst dich klarer in deinem Raum spüren und erlebst eine schöne Ausbalancierung. Finde heraus, wie sich dein Leben verändert, wenn du diese Übung häufiger prakti-

zierst. Spüre in dich hinein, ob du die Erdungsübung vorher für dich nutzen möchtest.
Den Audio-Download zu dieser Übung findest du hier:
https://www.randomhouse.de/Der-Ruf-von-Mutter-Erde

Schamanische Übung 3:

Ausrichten – Aktivierung der sieben Sonnen

- Setze oder stelle dich bequem hin. Du kannst dich in den Schneidersitz setzen oder die Beine ausstrecken. Du kannst dich auch an der Rückenlehne eines Stuhls anlehnen. Wichtig ist, dass du entspannt sitzen kannst.
- Nimm ein paar tiefe Atemzüge, und mit jeder Ausatmung lässt du Anspannungen in deinem Körper los.
- Nun führe deine Hände über deinen Kopf, zu deinem achten Chakra, und öffne deine Wiraqocha. Fächere sie breit auf, erlaube, dass sie sich ausdehnt und dich mit Licht umgibt.
- Spüre, wie deine Füße oder – falls du auf der Erde sitzt – deine Hüften die Erde berühren.
- Mit jeder Ausatmung löst du Anspannungen in deinem Bauch und deinem Solarplexus und erlaubst, dass dein Atem in deinen Bauch hinabsinken kann. Von ganz alleine. Einfach erlauben und zulassen.
- Wenn du so weit bist, beginne mit der Atemübung. Dafür atmest du am besten mit geschlossenem Mund nur durch deine Nase. So kannst du deinen Atem besser lenken, als wenn er sich über den offenen Mund weit verteilt.
- Erlaube, dass dein Atem mit der Ausatmung bis in die Erde hinabfließt. Je nachdem, ob du sitzt oder stehst, fließt er durch deine Beine oder

durch dein Steißbein. Atme nun in die Erde aus. Sende Pachamama diesen wundervollen Gruß.

- Lass deinen Atem bis zum Zentrum der Erde fließen – zur Erd-Sonne im Inneren von Pachamama. Diese leuchtet auf, sobald sie deinen Atem empfängt und du eine Verbindung zwischen der Sonne in deinem Herzen und der Sonne im Inneren von Pachamama hergestellt hast. Beide Sonnen, in deinem Herzen und in der Erde, werden nun aktiviert, sie leuchten auf und stabilisieren deinen Raum.
- Stärke diese Verbindung für ein paar Atemzüge.
- Mit der nächsten Einatmung ziehst du deinen Atem aus der Erde nach oben, über dein Herz bis in deinen Kopf. Atme über deinen Scheitel aus. Sende deinen Atem ins Universum hinein, zur Sonne, zu Inti. Gib dir ein paar Atemzüge Zeit, die Richtung deines Energieflusses umzustellen. Du wirst feststellen, dass sich die Ausatmung über deinen Kopf anders anfühlt als jene in die Erde.
- Atme nun über deinen Kopf wieder ein, lass den Atem bis zu deinem Herzen fließen und von dort wieder nach oben, bis zur Sonne.
- Erlaube, dass dein Atem bis zur Sonne fließt und eine Verbindung zwischen der Sonne in deinem Herzen und der Sonne über dir hergestellt wird.
- Die Sonne über dir leuchtet auf, so wie die Erd-Sonne. Sie wird hell und stabilisiert deinen Raum. Sie verbindet dich mit den Kräften des Universums. Gib dir ein paar Atemzüge Zeit, um diese Verbindung zu stärken.
- Atme wieder in dein Herz ein und atme diesmal zur Erde aus. Atme von dort wieder in dein Herz ein und über deinen Kopf aus. Du schließt den Kreislauf zwischen Erde und Himmel. Gib dir ein paar Atemzüge Zeit, um diesen Kreislauf zu stärken.
- Dann komme wieder in deinem Herzen zur Ruhe. Nimm ein paar tiefe Atemzüge in dein Herz. Spüre, wie es ist, mit dem Himmel und der Erde verbunden zu sein. Über dir, unter dir und in deinem Herzen leuchten die Sonnen.

- Jetzt aktivieren wir den Raum, die vier Sonnen um dich herum. Wenn du magst, kannst du dafür deine Hände auf dein Herz legen, um dieses Zentrum besser zu spüren.
- Atme in dein Herz ein und zu deiner linken Seite aus – zum Osten Antisuyu. Links neben deinem Körper beginnt die Sonne des Ostens aufzuleuchten. Wie ein Stern, der sich nun zeigt.
- Atme von der Sonne des Ostens wieder in dein Herz ein und führe diese Atmung fort. Erlaube, dass sich die Verbindung zwischen deinem Herzen und deinem Raum im Osten, links neben dir, aufbauen kann.
- Wenn du so weit bist, komm mit deiner Atmung zurück in dein Herz. Atme einige Male durch dein Herzzentrum ein und aus.
- Nun atmest du nach vorne aus, zu der Sonne des Südens, Qollasuyu. Auch diese Sonne vor deinem Körper beginnt zu leuchten, sobald du sie mit deinem Atem grüßt und segnest. Erlaube, dass sich die Verbindung zwischen deinem Herzen und deinem Raum im Süden, vor dir, aufbauen kann.
- Wenn du so weit bist, komm mit deiner Atmung zurück in dein Herz. Atme einige Male durch dein Herzzentrum ein und aus. Spüre den Raum zu deiner linken Seite und den Raum vor dir.
- Atme nun von deinem Herzen zu deiner rechten Seite aus. Lass die Sonne des Westens, Kuntisuyu, aufleuchten. Erlaube, dass sich die Verbindung zwischen deinem Herzen und deinem Raum im Westen, zu deiner rechten Seite, aufbauen kann. Nimm dir ein paar Atemzüge Zeit, diese Verbindung aufzubauen.
- Komm dann mit deiner Atmung zurück in dein Herz. Atme einige Male durch dein Herzzentrum ein und aus. Spüre den Raum rechts und links neben dir und den Raum vor dir. Zentriere dich.
- Konzentriere dich nun auf die Herzöffnung auf deiner Rückseite. Stell dir die Sonne des Nordens, Chinchaysuyu, hinter dir vor.
- Beginne von deinem Herzen durch die Herzöffnung in deinem Rücken auszuatmen. Sende dein Licht des Herzens in den Norden.

- Spüre, wie die Sonne hinter dir im Norden zu leuchten beginnt. Wie sich die Kraft des Nordens entfalten kann. Nimm dir ein paar Atemzüge Zeit, diese Verbindung aufzubauen.
- Komme dann in dein Herz zurück. Atme durch dein Herz ein und aus und schenke deiner Sonne im Herzen ein Lächeln. Segne die Sonne in deinem Herzen, dem Sonqo.
- Spüre dich, mit deinem Zentrum in deinem Herzen. Neben dir, vor dir, hinter dir, vier Sonnen. Unter dir die Sonne der Erde, über dir die kosmische Sonne. Alle Sonnen sind verbunden über die Sonne in deinem Herzen. Spüre deinen Raum, wie er ausgeglichen und harmonisiert wird, wie er kräftiger und stärker wird.
- Lass deinen Atem ruhiger und flacher werden.
- Öffne langsam deine Augen und spüre deinen Raum, wie er sich jetzt anfühlt. Spürst du einen Unterschied zu dem, wie du dich vorher gefühlt hast?
- Beende die Übung. Schließe deine Wiraqocha, wenn du möchtest, oder lass sie geöffnet.

DIE VERBINDUNG ZU
deinem Itu Apu und deiner Paqarina

In der Andentradition bekommen wir mit unserer Geburt zusätzlich zu unseren leiblichen Eltern auch von Pachamama Eltern, die uns begleiten. Dein Geburtsberg Itu Apu und dein Geburtsgewässer Paqarina sind für dich wichtige Kontakte in der Natur. Beide übernehmen von deiner Geburt bis zu deinem Tod eine Art Patenschaft für dich. Sie geben dir das Gefühl von Heimat und sind für deinen seelischen Weg die ersten Ansprechpartner. So, wie du die Unterstützung deiner leiblichen Eltern erfährst, bis du selbstständig genug bist, begleiten dich dein Itu Apu und deine Paqarina durch dein gesamtes Leben und helfen dir gerne, wenn du sie darum bittest.

Du kannst ihnen regelmäßig ein K'intu oder eine Blume schenken und durch Meditationen mit ihnen im Dialog bleiben. Sie sind in der Lage, in deiner Stadt und deiner Region für dich Energie zu bewegen. So ist es durchaus sinnvoll, bei einem Wohnungswechsel oder einer Jobsuche mit deinem Itu Apu und deiner Paqarina zu sprechen. Auch bei wichtigen Entscheidungen stärken sie die Stimme deiner wahren Natur und helfen dir mit Klarheit.

In der Regel sind dein Itu Apu und deine Paqarina ein Berg sowie ein Fluss, See, Meer oder eine Lagune in der Nähe deines Geburtsortes. Häufig handelt es sich dabei tatsächlich um den geografisch nächstgelegenen Berg oder Fluss. Aber auch hier geht es wie bei allen Lehren der Andentradition wieder um dein Gefühl.

Besonders in Norddeutschland gibt es viel mehr Wasser als Berge. Deshalb kann dein männlicher Pate, dein Itu Apu, hier durchaus ein männliches Gewässer sein. Auch die Paqos haben bei ihren Besuchen in Europa festgestellt, dass Mama Cocha hier besonders präsent ist. Obwohl das Element Wasser eigentlich weiblich ist, kann innerhalb der Gewässer zwischen männlich und weiblich unterschieden werden. Häufig ist der Name des Gewässers ein guter Hinweis: zum Beispiel die Elbe oder der Neckar.

Genauso ist es mit den Bergen, die, übergeordnet betrachtet, die männlichen Aspekte von Pachamama repräsentieren. Untergeordnet gibt es aber auch weibliche Berge wie Mama Simona oder die Zugspitze. Das Verständnis für beide Möglichkeiten ist immer eine Frage der Perspektive.

Um deine Paten zu finden, kannst du einfach deinem Gefühl folgen.

In meinem zweiten Lehrjahr war ich immer noch sehr darauf bedacht, alles richtig zu machen, und reiste deshalb zum nächstgelegenen Berg in Norddeutschland, dem Brocken im Harz. Aus einer rein logischen Perspektive musste dies mein Itu Apu sein. Mein Mann und ich verbrachten dort Silvester und wanderten im Schnee den Brocken hinauf, um ihm ein Despacho zu widmen. Es war meine erste Gabe, die ich ganz alleine machen wollte. Ich entschied mich für ein reines Blumenmandala ohne Papier, das ich in den Schnee legte. Zufrieden stiegen wir die glatte Eisbahn durch den Wald wieder hinab. Aber ich fühlte mich dennoch nicht zu Hause. Es setzte bei mir kein vertrautes Gefühl ein. Es war mir klar: Der Brocken war nicht mein Itu Apu. Also suchte ich weiter.

Ich meditierte mit vielen Bergen weltweit, denn es ist auch möglich, den Itu Apu in einem anderen Land zu finden, sagen die Paqos. Ich fühlte mich in die verschiedenen Berge ein, aber keiner war mein Itu Apu. Don Mariano sagte zu mir: »Wenn du deinen Itu Apu triffst, dann weißt du, dass er es ist.« So entspannte ich mich allmählich und vertraute darauf, dass sich meine Paten schon zeigen würden.

Und so war es auch. In meiner Stadt fließt die Weser, und an ihren Ufern fühlte ich mich schon immer wohl und getragen. Ich dachte aber, sie könnte lediglich meine Paqarina sein und nicht mein Geburtsberg Itu Apu. Doch meine Begegnung mit der Fulda bei dem Kongress in Rotenburg, von der ich dir bereits erzählt habe, belehrte mich eines Besseren. Sie offenbarte mir, dass meine Paten beide in der Weser liegen. In ihr fließen Werra und Fulda zusammen.

Ich segne die Weser in jedem meiner Despachos, und sie gibt mir starken Halt. In Zeiten der Entscheidung und des Wandels frage ich sie gerne, und sie hat immer eine Antwort für mich und freut sich, wenn ich sie in Bremen besuche.

Wenn du nun deinen Itu Apu und deine Paqarina finden möchtest, kannst du dich als Erstes um deinen Geburtsort herum orientieren. Fahre zu den Flüssen, Seen und Bergen, meditiere, bringe den Orten eine kleine Gabe und fühle deine Verbindung zu ihnen. Gib dir ausreichend Zeit für diese Suche. Es kann durchaus ein paar Monate bis Jahre dauern, bis du deinen Itu Apu und deine Paqarina sicher benennen kannst.

Eine weitere Möglichkeit ist, ein Despacho zu machen, in dem du deine Intention setzt, deinen Itu Apu und deine Paqarina zu finden. Danach kommt dein Weg zu ihnen ins Fließen.

Um mit einem Gewässer in Kontakt zu kommen, eignet sich die Schamanische Übung 1, »Erden – mit Pachamama verbinden«, besonders gut. Dabei legst du deinen Fokus einfach auf das Wasser vor dir und beginnst dann, mit ihm zu atmen und dich auszutauschen.

Vorab bete ich ein K'intu aus Blättern, die ich vor Ort finde, und gebe es ins Wasser. Dann erst baue ich meine energetische Verbindung auf.

Dein Itu Apu und deine Paqarina waren schon immer für dich da. Nun kannst du herausfinden, wer sie sind, und bewusst mit ihnen eine Beziehung beginnen.

DEIN AYNI –
drei Schritte für Veränderungen

Das Prinzip Ayni, dass alles in deinem Leben miteinander in Wechselwirkung steht, haben wir bereits besprochen. Erinnere dich an das Sprungtuch der Feuerwehr aus dem Kapitel »Interdependenz als kreative Kraft«, an dem jeder Aspekt deiner Lebenskarte vertreten ist. Sobald du einen Aspekt bewegst, gerät alles in Bewegung. Du hast den Wunsch, in deinem Leben etwas zu verändern? Dann lass uns hier ganz konkret werden. Vielleicht geht es um ein bestimmtes Problem oder um ein sich wiederholendes Verhaltensmuster oder um eine körperliche Thematik, oder du hast ein bestimmtes Ziel, auf das du hinarbeiten möchtest. Dann ist es nun Zeit für dich, deine Wechselwirkungen zu betrachten. Ich persönlich habe meine Wechselwirkungen komplett überprüfen und verändern müssen, um körperlich zu heilen. Dabei bin ich auf diverse Themen und Aspekte gestoßen, deren Existenz mir überhaupt nicht bewusst war.

In diesem Kapitel geht es darum, das zu betrachten, was wir bewusst wahrnehmen. Dazu gehört das, was wir haben, und das, was wir nicht haben. Diesen Bereich kannst du bewusst verändern und Bewegung in dein Leben bringen.

Um die Dinge zu verändern, die dir unbewusst sind, kannst du dich der Hilfe der Despachos bedienen.

Die Paqos haben mir beigebracht, mein Ayni, also meine Wechselwirkungen, auf unterschiedlichen Ebenen zu erkunden. Dein inneres Ayni beinhaltet zwei Aspekte: deine Selbstfürsorge und das Erkennen der Stimme deiner wahren Natur. Dein äußeres Ayni beschreibt all deine Handlungen und Wechselwirkungen mit anderen.

Schritt 1: Selbstfürsorge

Zu deinem inneren Ayni zählen alle Wechselwirkungen, die du mit dir selbst hast: deine Gedanken über dich, deine Gefühle, dein Umgang mit deinem Körper, deine Gedanken über deinen Körper und das, was du bezüglich deines Körpers empfindest. Ebenso spielt die Stärke deiner Selbstliebe eine enorm wichtige Rolle. Und da die Liebe zu dir die gleiche ist wie die Liebe zu Pachamama, bekommt deine Beziehung zu Pachamama in deinem inneren Ayni auch noch einen Platz. Diese vertrauensvolle Beziehung zu dir selbst ist es schließlich, die dich leiten und führen soll.

Das Erkunden deines inneren Ayni besteht, kurz gesagt, aus einer sehr achtsamen Selbstbeobachtung und der Heilung deiner Beziehung zu Pachamama.

Du kannst für dich und deine Heilungsprozesse ein kleines Heft anlegen, in dem du deine Reflexionen und Beobachtungen notierst. Ich selbst habe immer ein Heft dabei, in dem ich Glaubenssätze notiere, die ich bei mir entdecke, oder auch positive Erlebnisse und meine Träume. Dadurch, dass ich mir alles aufschreibe, werde ich mir meiner eigenen Verhaltensweisen bewusster und tappe immer weniger in die gleiche Falle.

Deine erste Aufgabe ist es also, Achtsamkeit und die daraus resultierende notwendige Selbstfürsorge in deinen Tag zu integrieren. Beobachte dich selbst. Im Mittelpunkt deiner Selbstfürsorge steht die Frage »Was braucht mein Körper?«. Deine Erkundungen führen dich in fünf Bereiche:

- Nahrung
- Pause/Entspannung
- Sport
- Berührung/Sex
- Schlaf

Bei der Erkundung der Selbstfürsorge werden Sehnsüchte und seelische Bedürfnisse, wie Kreativität, Malen, Tanzen, Reisen, also diverse Lebenssinn stiftende Aktivitäten bewusst nicht berücksichtigt. Das hat zwei ganz konkrete Gründe. Zum einen brauchen wir für unsere kreativen Handlungen und das Ausleben unserer seelischen Gaben auch die notwendige körperliche Selbstfürsorge. Eine Kreativwoche an der Nähmaschine, ohne Bewegung und gesunde Mahlzeiten, wird deinem Körper nicht guttun, auch wenn Nähen deine Leidenschaft ist. Zum anderen wird der Begriff »Selbstfürsorge« oftmals mit der Erfüllung von Sehnsüchten verwechselt. Hier beginnt häufig eine große Grauzone der Verwirrung und emotionalen Zerrissenheit, welcher Tätigkeit wir Vorrang geben. Die Berücksichtigung deiner körperlichen Bedürfnisse ist eine ganz wichtige Basis für das Entdecken deiner seelischen Gaben und Talente, die du dann natürlich auch ausleben kannst.

Beginne damit, dich im Laufe des Tages immer wieder zu fragen, wie es um diese Bereiche steht. Notiere dir, was du den Tag über machst, was du isst und wie lange du schläfst.

Zu betrachten, wie es um die Selbstfürsorge für den eigenen Körper steht, ist enorm wichtig. Oft belügen wir uns selbst, indem wir denken, dass wir uns gesund ernähren, ausreichend Sport treiben oder genügend Pausen einlegen. Ein zweiwöchiges Protokoll zu diesen fünf Bereichen gibt einen klaren Blick für die Realität.

Anhand dieser Aufzeichnungen kannst du überblicken, ob dir ein Aspekt fehlt oder ein anderer zu stark vertreten ist. Betrachte die entsprechenden Punkte anhand der Frage »Was braucht mein Körper?« genauer: Was ist die für dich richtige Ernährungsform? Wie bringst du Aktion und Pausen ins Gleichgewicht? Wie wirkt sich mehr oder weniger Sport (die meisten brauchen mehr Sport) auf dein Wohlbefinden aus? Hast du ausreichend Körperkontakt, hast du ein erfülltes Sexleben? Wie viel Schlaf benötigst du?

Meiner Erfahrung nach ist es sinnvoll, sich zunächst mit einem Aspekt gründlich zu befassen. Du brauchst Zeit, um dich mit Ernährung oder der für dich

passenden Sportart auseinanderzusetzen. Die Andentradition kann dir diesen Prozess leider nicht abnehmen. Unsere moderne Gesellschaftsform macht einen zusätzlichen Sortierungsprozess nötig. Sie ist es, die den Sehnsüchten Vorrang vor Natur, Körper und Seele einräumt. Aber ich möchte keinen Optimierungswahn auslösen. Mach es dir nicht zu kompliziert.
Deshalb gebe ich dir diese fünf Bereiche zur Orientierung an die Hand: Nahrung, Pause/Entspannung, Sport, Berührung/Sex, Schlaf. Schaue dir ehrlich an, wie du sie jetzt lebst, und finde heraus, wie du dich veränderst, wenn du an diesen Schrauben drehst. Es kann wirklich ganz einfach sein und du wirst ein oder zwei Kernpunkte finden, die für dich eine wichtige Rolle spielen.

Schritt 2: Die Stimme deiner wahren Natur erkennen

Die schamanische Andentradition kann dich besonders gut in deiner Selbstreflexion unterstützen. Dazu gehört, deine Gedanken und Gefühle zu entkräften und zu meistern, sowie deine wahre Natur als neutralisierende und erdende Instanz zu stärken. Sie hilft dir dabei, deinen Fokus zu verlagern. Die alten Muster sollen leiser und deine wahre Natur soll lauter werden.
Wenn wir über unsere Wünsche, Sorgen und Möglichkeiten nachdenken oder im Kontakt mit anderen Menschen sind, ist es hilfreich, sich immer wieder diese beiden Fragen zu stellen: Was denke ich gerade? Was fühle ich gerade?

Deine Gedanken und Gefühle gehören meist zusammen. Deine Überzeugungen und deine moralische Einstellung produzieren deine Gefühle. Bleiben uns diese Gedanken und Gefühle unbewusst, so entsteht schwere Energie in unserem Körper. Diese wird von den Paqos Hucha genannt. Im Gegensatz zu unseren vielen chaotischen, assoziativen Gedankenketten und Gefühlen, die wir minütlich unbewusst produzieren, steht die geordnete Energie der Natur, Sami. Hucha blockiert deinen Energiefluss und führt zu Anspannungen.

Mache dir bewusst, dass deine Gefühle immer an Gedanken geknüpft sind. Deine Aufgabe ist es nun, zu beobachten, was du denkst und fühlst, aber beidem keinen Glauben mehr zu schenken.

Glaube nicht alles, was du denkst. Meistens bestimmen deine Erziehung, die Gesellschaft, in der du aufgewachsen bist, und deine erlernten Moralvorstellungen deine Gedanken. Unsere Denkmuster wiederholen sich in allen Lebenssituationen. Finde heraus, was der Kern deines Denkmusters ist. Der eine zweifelt permanent an sich, vergleicht sich, macht sich klein, ein anderer verliert sich immer in Zukunftsfantasien oder nimmt alle Situationen zum Anlass, um sich in den eigenen Ängsten herumzutreiben.

Alles, was du permanent denkst, hat ein gemeinsames Hauptthema. Entdecke mithilfe deiner schriftlichen Notizen dein sich wiederholendes Kernthema.

Die Stimme deiner wahren Natur unterscheidet sich von deinen Gefühlen. Du erkennst sie daran, dass mit ihr keine Gedanken, Erklärungen oder wilden Emotionen verknüpft sind. Deine innere wahre Natur ist etwas, das unter allem liegt. Meine wahre Natur liegt still und stark in der Tiefe meines Ozeans. An der Wasseroberfläche beschäftige ich mich mit Pro und Contra, diversen Überlegungen, meinen Mustern und meinen Gefühlen. Da tobt der Sturm, der alles aufwühlt, erklären will, Sicherheit will, alles richtig machen will, und der so unglaublich anstrengend ist. Aber am Grund meines Ozeans ist diese tiefe Stimme, die sagt »Ja« oder »Nein« oder »Geh weiter«. Sie erklärt mir aber niemals das Warum. Diese fehlende logische Erklärung ist für mich ein wichtiger Hinweis, dass es sich um meine innere wahre Natur handelt, meine Seele. Folge ich ihr, lasse ich mich auf einen Weg ein, der nicht vorhersehbar ist, den ich nicht kenne und von dem ich nicht weiß, wohin er mich führt. Dieser Weg ist mir unbekannt. Er findet nämlich außerhalb meiner bewussten Möglichkeiten und Fantasien statt. Nur dort liegt meine Größe.

Ich kann nicht behaupten, dass sich immer alle wilden Emotionen in Luft auflösen und ich nur noch tiefen Frieden in mir spüre, wenn ich meiner wahren Natur folge. Wir sind multidimensional, und das bedeutet, dass du beides fühlen kannst. Du kannst diese Ruhe und das Vertrauen spüren, die aus der Tiefe deines Ozeans kommen, und gleichzeitig kannst du die unangenehmsten Gefühle durchleben, weil deine erlernten Muster und Ansichten überhaupt nicht in Einklang mit deiner Entscheidung stehen. Sie wollen kontrollieren, sie produzieren Angst, Bedenken und initiieren Zweifel. Doch diese gefühlte Mehrspurigkeit ist ein sehr gutes Zeichen dafür, dass deine innere wahre Natur erwacht und du nun beginnst, aus deinen Mustern herauszuwachsen.

So eine parallele Gefühlswelt benötigt innere Stärke und Vertrauen, damit wir nicht doch den gedanklichen Zwängen nachgeben. Viele scheitern an diesem Punkt und folgen doch ihren Mustern. Auch ich habe mich oft genug von diesen heftigen Emotionen leiten lassen. Denn wer fängt dich auf, wenn du deine innere Hölle durchlebst und alle Monster gleichzeitig aus dem Keller gelassen werden? Hässliche Gedanken, niederschmetternde Selbstbeschuldigungen, Scham, gravierende Existenzängste und kleinmachende Versagerideen können wirklich grausam sein.

Wenn du an den Punkt der Selbstwahrnehmung kommst, an dem du beides spürst, dann hilft dir Pachamama. Sie ist ein sehr wichtiger Anker für dich. Sie kann deine natürliche Energie vervielfachen, die Stimme deiner wahren Natur lauter werden lassen, dir Vertrauen geben und deine Hucha ausleiten. Sie weiß schließlich, was auf dich wartet, wenn du dich traust, deinen Weg zu gehen. Sie eröffnet deiner Seele genau diese unbekannten Wege und Chancen, arrangiert sie für dich, und sie weiß, dass du sie trotz deiner starken Widerstände wählen kannst. Sie glaubt an dich!

Das Erste, was du tun kannst und was ich allen sage, die sich in einer emotionalen Krise oder Lebensentscheidung befinden, ist: Sprich mit Pachamama!
Nimm dir Momente der Ruhe und etwas Zeit, setz dich auf die Erde und berühre sie mit deinen Händen. Stell dich ihr mit deinem Namen vor und atme über deine Hände in die Erde aus. Sende Pachamama über deinen Atem all deine Gefühle, lass dich in diesem Moment von ihr tragen. Teile ihr mit, wie es dir geht, und bitte sie um Unterstützung. Du kannst auch die hier vorgestellten Übungen machen. Ganz besonders hilfreich ist es, wenn du dich zunächst erdest (Schamanische Übung 1), dann deinen Raum stärkst (Schamanische Übung 3) und anschließend deine Hucha ausleitest (Schamanische Übung 4). Damit kehrt Ruhe in deine Gedanken und Gefühle ein und du wirst wieder klarer.
All diese Übungen sind wundervolle Techniken, in denen du die Unterstützung von Pachamama direkt spüren kannst. Deswegen beinhaltet dein inneres Ayni auch das Üben von Dankbarkeit: dafür, dass du Kawsay bist, lebendige Energie, und für all das, was du von Pachamama jeden Tag bekommst.

Seelenbotschafter Kolibri

In der Andentradition steht der Kolibri für unseren Seelenweg. Er ernährt sich von Nektar und lässt sich von dessen Duft durchs Leben leiten. So können auch wir uns von dem führen lassen, was uns hilft, eigenen Nektar zu produzieren – Selbstliebe und Handlungen, die Freude für unsere Existenz entfachen.

Schritt 3: Handlungen harmonisieren

Der dritte Schritt zur Veränderung ist das Erkennen und Verändern deiner äußeren Wechselwirkungen – dein äußeres. An dieser Stelle geht es darum, deine Interaktionen zu reflektieren und mit deinem inneren Ayni abzugleichen. In diesem dritten Schritt praktizierst du also eine bewusste Wechselwirkung mit Menschen, Situationen und der Natur. Harmonisches zwischenmenschliches Ayni erschafft eine Situation, die für alle Beteiligten bereichernd und förderlich ist und die positive Energie sogar verstärkt.

Eine konfliktreiche Situation erschafft bei allen Mitwirkenden Energiemangel, Chaos, negative Emotionen und Projektionen. Es gibt immer eine Wechselwirkung, was bedeutet, dass alle einen Anteil an der bestehenden Situation haben. Diese Sichtweise beinhaltet auch, dass jeder Einzelne sein inneres Ayni missachtet hat und schon deshalb seinen eigenen inneren Konflikt in die Situation hineingetragen hat.

Deine eigene innere wahre Natur zu spüren und zu stärken, erlöst dich letztlich von Projektionen und Schuldzuweisungen. Du bekommst Handlungsspielraum. Je bewusster du interagierst, umso stärker wird deine Energie, weil du kraftraubende Konflikte vermeidest und sich in dir Sanftmut und innere Stärke entwickeln können.

Zu meinem persönlichen Heilungsweg gehörten einige Wechselwirkungen, die mich und meinen Körper beeinflussten. Ich musste lernen, meine körperliche Selbstfürsorge zu etablieren, entdeckte, wie negativ und abwertend ich permanent über mich dachte und dass ich meine wahre Natur überhaupt nicht spürte. Ich vermisste komplett mein inneres Ayni. Das führte zu unzähligen Handlungen, die meinem inneren Wesen nicht entsprachen und in denen ich mich immer wieder von mir entfernte. Ich jonglierte mit all diesen Aspekten, die mir nicht guttaten, und konnte sie einfach nicht bleiben lassen. Der Spruch: »Erst nachdenken, dann handeln«, mag in vielen Bereichen hilfreich sein. Auf deiner seelischen Reise wird er dir aber nicht helfen. Für deine Entscheidungen und Beziehungen ist es wichtig zu spüren, was sich unterhalb deiner Gedanken und Gefühle befindet. Mit all deinen Freunden, deinen Partnern, deinen Kollegen, deinen Bekannten, deinen Sportgruppen und deiner Familie bestehen Wechselwirkungen. Auch mit den Orten, mit denen du dich umgibst, besteht eine Wechselwirkung. Diese in »negativ« und »positiv« einzuteilen, würde dem Mysterium des Lebens in keiner Weise gerecht werden. Dein äußeres Ayni kannst du nicht kontrollieren oder beherrschen. Es ist vielmehr ein Verändern, Erforschen und Entdecken, das sanfter und leichter wird, je mehr du dich darin spürst.

Eine wesentliche Wechselwirkung, die ich erforschte und die Heilung benötigte, war jene mit meiner Ahnenreihe. Denn auch meine Schwester, meine Mutter und meine Oma hatten ähnliche körperliche Symptome wie ich. Die Leidenskette zog sich durch die gesamte weibliche Ahnenreihe und wurde anscheinend immer weitergereicht. Ich entdeckte Verhaltens- und Glaubensmuster, die ich übernommen hatte und die sich stark auf meinen Körper auswirkten. Hier musste ich mein Verhalten verändern und meinen Gedanken die Macht nehmen.

Diverse Healings, die ich erhielt, lösten zudem energetische Blockaden, die ich nicht bewusst wahrgenommen hatte. Die Arbeit mit Despachos und meiner Mesa waren ein wesentlicher Aspekt, um an diese unbewussten Speicherungen heranzukommen.

So geht die schamanische Andentradition mit ihren Übungen, der Interaktion mit Pachamama und der heiligen Arbeit mit Steinen weit über unsere bewusste Reflexionsarbeit hinaus, nimmt sie uns aber nicht ab. Am Ende zählt, was du in deinem Leben umsetzt – deine Handlungen und deine innere Haltung, die diesen Handlungen eine Bedeutung gibt.

Ayni ist kein Friede-Freude-Eierkuchen-Prinzip, es bedeutet nicht, dass wir keine Auseinandersetzungen mehr mit anderen Menschen haben werden. Ayni ist einfach die Lehre, dass alles in Wechselwirkung miteinander steht.

Wenn du also in deinem Leben etwas verändern möchtest, dann schau hin, was du innerlich erschaffst, denn es spiegelt sich im Außen. Und betrachte auch, was dein jetziges Leben im Außen ausmacht. Die Orte, an denen du dich aufhältst, die Menschen, mit denen du dich umgibst, dein Tagesablauf, deine Arbeit und all deine Handlungen zeigen es dir. Hinzu kommt dein inneres Ayni mit deinem Maß an Selbstfürsorge und Selbstliebe.

Ayni ist ein weitreichendes Prinzip und beschreibt nicht nur direkte Auswirkungen. So kannst du Situationen nicht immer eins zu eins aufrechnen. Häufig blicken wir nur auf einen Teilbereich unseres Lebens und erwarten dort einen direkten Ausgleich. Ich befand mich beispielsweise aufgrund meiner vielen Talente und meiner schnellen Auffassungsgabe häufig in einer Anstellung, in der ich mich nicht ausreichend bezahlt fühlte. Gemessen an dem, was ich leistete, war dies definitiv auch so. Es fühlte sich für mich an, als würde ich enorm viel Energie in meinen Job einbringen, doch es kam viel weniger zurück. Ich erwartete, dass die Energie sofort zu mir zurückfloss, dass ich mehr Wertschätzung bekam, und ich war permanent unzufrieden. Aber wo floss meine Energie tatsächlich hin? Ich hatte völlig aus dem Blick verloren, welch großartige körperliche Heilung ich durchlaufen hatte. Von »austherapiert« und »berufsunfähig« war keine Rede mehr. Ich war gesegnet mit meiner Beziehung und meinen Freunden, mit vielen tollen Momenten und Chancen, mich kreativ auszudrücken. Pachamama eröffnete mir einen Weg nach dem anderen. Aber all dies hatte ich völlig aus dem Blick verloren.

Eines Tages ertappte ich mich dabei, wie ich den Arbeitsaspekt meines Lebens als völlig isoliert betrachtete und in ein fürchterliches Mangeldenken geraten war. Aber bekam ich wirklich zu wenig Wertschätzung? Oder war dies nur in diesem einen Bereich der Fall? Tatsächlich erhielt ich in allen Bereichen Wertschätzung und Anerkennung für das, was ich nun mal war. Auch meine Arbeitgeber schätzten natürlich meinen großartigen Einsatz, selbst wenn sie ihn nicht bezahlen konnten. In meiner Sichtweise aber sah ich keinen Energiefluss zwischen dem Bereich Arbeit und dem Reichtum und der Segnung meines restlichen Lebens.

Die Idee, dass mein Leben trotz oder gerade wegen dieses einen »unbefriedigenden« Bereichs, mit dem eine Wechselwirkung bestand, sich so gut entwickelt hatte, ließ mich gleich mehr Gesamtzufriedenheit empfinden. Die Energie, die ich in meine Arbeit steckte, war längst über andere Wege zu mir zurückgekehrt.

Diese Geschichte soll dich nicht davon abhalten, bestimmte Aspekte deines Lebens verändern zu wollen. Vergiss aber nicht, dass der Austausch von Energie nicht immer eins zu eins funktioniert, sondern dass Energie auch über andere Kanäle und Lebensbereiche zu uns zurückfließt. Die Details der Wege kennt nur Pachamama.

INNERE VERLETZUNGEN heilen

Muster und emotionale Speicherungen

Wenn du beginnst, dein Ayni zu erkunden, dann wirst du unweigerlich auf die Wechselwirkungen mit deinen inneren Verletzungen stoßen, die Teil deines Universums sind. Diese zu erkennen und zu heilen ist ein besonders wichtiger Schritt auf deinem Weg zu deiner wahren Natur. Die Vorgehensweise, die ich hier erkläre, habe ich über Jahre verfeinert. Sie kombiniert das Wissen und die kraftvolle Energiearbeit der Paqos mit psychologischen Werkzeugen der Projektionsrücknahme. Es ist meine ganz persönliche Methode, und ich möchte sie dir mit auf deinen Weg geben.

Wie ich bereits erklärt habe, wirken unsere vielen Emotionen wie ein Filter, durch den wir uns und die Realität betrachten. Sie verhindern die Wahrnehmung deiner wahren Natur, die am Grund des Ozeans liegt und aufgrund der tobenden Wasseroberfläche nicht gesehen wird.

Stell dir vor, dass in dir Muster mit dazugehörigen emotionalen Speicherungen existieren. Muster sind jene Ansichten, die wir irgendwann einmal selbst entwickelt, erlernt oder vererbt bekommen haben. Wenn du dir beispielsweise als Kind an einer bestimmten Situation, die du erlebst, selbst die Schuld gibst, interpretierst du die Ereignisse auf eine Weise, die dir in dem Moment hilft, das Geschehene zu verstehen. Es ist aber das Verstehen aus einer unerfahrenen, kindlichen Perspektive. Und als Kind brauchen wir Schutz, Fürsorge und Sicherheit, die in diesem Moment eventuell gefährdet sind. Daher entstehen in diesen Momenten oft Interpretationen der Realität, die wir bis in unser erwachsenes Dasein als Verhaltens- und Gedankenmuster mitnehmen.

Emotionale Speicherungen sind innere Verletzungen, die irgendwann einmal produziert wurden und zu jenem Zeitpunkt nicht aufgefangen werden konnten. Zum Beispiel in einer überwältigenden Situation, in der das Erlebte einfach zu viel für dich war. Dann werden diese Erfahrungen in deinem Körper und Energiesystem in einer Art Energieblase eingelagert und wirken von dort aus auf deine Gedanken und dein Befinden ein, ohne dass du dir dessen bewusst bist. Wir alle tragen solche emotionalen Speicherungen in uns. Sie sind nichts Schlechtes. Sie helfen uns, zum passenden Zeitpunkt entscheidende Wachstumsschritte zu machen.

Diese Speicherungen und Muster prägen unser tägliches Leben. Immer wieder interpretieren und begründen wir aktuelle Geschehnisse automatisch aus der Perspektive der Vergangenheit mitsamt ihren Emotionen. Aus dem Muster und den inneren Verletzungen heraus erschaffen wir eine aktuelle Geschichte.

Das alles wiederholt sich so lange, bis du erkennst, dass du deine aktuelle Situation getrennt von deiner emotionalen Speicherung erleben kannst. Dann kann die damit verknüpfte Energieblase platzen.

Emotionale Speicherungen erkennen

Um eine tiefe innere Verletzung tatsächlich zu heilen, sind zwei Dinge notwendig:

- Deine Geschichte zu erkennen
- Deine alte emotionale Verletzung zu spüren

Zunächst ist es wichtig, die aktuelle Geschichte von der emotionalen Speicherung zu trennen. Häufig erkennen wir zwar, dass wir in einer sich wiederholenden Geschichte feststecken, sind aber nicht in der Lage, die emotionale Speicherung tatsächlich aufzulösen. Das liegt daran, dass wir uns mit den gespeicherten Gefühlen identifizieren. Wir glauben tatsächlich, dass wir uns jetzt genau so fühlen. Wir kommen überhaupt nicht auf die Idee, dass diese Gefühle schon sehr alt sein könnten. Die Frage, die du dir stellen kannst, ist: Identifiziere ich mich mit der tobenden Wasseroberfläche oder mit der stillen Kraft am Grund des Ozeans?
Nun verstehst du vielleicht, warum deine Beziehung zu Pachamama dir in dieser Lage helfen kann – sie bringt dich zu der Kraft am Grund.

Mach dir deine immer wiederkehrende Problematik bewusst. Was ist dein Storyboard? Welche Geschichte wiederholt sich bei dir? Versuche, das Kernthema in deinem Leben, deine Geschichte in einem einzigen Satz zu definieren.

Vielleicht hast du immer das Gefühl, deinen Freunden nicht wichtig genug zu sein, du hast den Eindruck, sie würden dir immer andere Freunde vorziehen. Oder du glaubst, du könntest in deinem Beruf niemals Erfolg haben.

Ein wichtiger Hinweis darauf, dass du in so einer Geschichte feststeckst, ist, dass du zwei Reaktionsmöglichkeiten zur Auswahl hast, die beide weder heilsam sind noch das Problem lösen.

Entweder sage ich meinen Freunden nichts und fresse meine Verletzung in mich hinein, oder ich mache ihnen Vorwürfe.

Entweder wechsle ich den Job und fange von vorne an, oder ich bleibe und leide weiter.

Wenn du deine Geschichte definiert hast, geht es um deine emotionalen Verletzungen, die in dir aufleben. Ich bitte dich darum, diese ganz klar von deiner aktuellen Geschichte zu trennen. Mach dir bewusst, wie du dich fühlst. Frag dich ganz genau, was in dir vorgeht.

Vielleicht kommt dabei ein Satz heraus, der deine emotionale Situation mit deinem Storyboard begründet. Schau dir dann einfach die Gefühle an, die in diesem Satz erwähnt werden. Sie zeigen deine emotionalen Speicherungen.

Wenn du das Gefühl hast, von deinen Freunden abgelehnt zu werden, dann ist deine grundlegende Verletzung einfach ein tiefes Gefühl von Ablehnung. Das ist deine emotionale Speicherung. Nicht mehr und nicht weniger. Dass deine Freunde dafür verantwortlich sind, ist deine Geschichte.

Wenn du beruflich das Gefühl hast, ein gewünschtes Ergebnis nicht erreichen zu können, dann ist deine grundlegende Verletzung eine tiefe Angst vor dem Versagen oder nicht genug zu leisten.

In einem weiteren Schritt fragst du dich, wie du zu diesen Annahmen kommst. Warum du glaubst, dass das so ist.

Wenn du das Gefühl hast, immer von allen abgelehnt zu werden, dann frage dich, warum du glaubst, dass das so ist. Vielleicht glaubst du, dass du nervig oder tollpatschig bist. Oder du glaubst, dass du schon immer ungewollt warst.

Wenn du Angst hast, zu versagen oder nicht genug zu leisten, dann frage dich, warum du glaubst, dass das so ist. Vielleicht entdeckst du, dass du deinen Selbstwert immer nur aus deinen Taten gezogen hast und nicht aus deiner reinen Existenz.

Mit diesem Schritt deckst du deine Muster, deine Fehlinterpretation der Vergangenheit auf und kommst direkt an den Kern deiner gespeicherten Verletzung heran. Es ist ganz wichtig, dass du diese Speicherungen so klar identifizierst. Denn so ist es in der Zukunft einfacher für dich, in einer aktuellen Situation die Aktivierung deiner emotionalen Verletzung zu erkennen und rechtzeitig einzuschreiten.

Gespeicherte Verletzungen in vier Schritten heilen

Geschichten und emotionale Speicherungen machen dich klein, machtlos und schneiden dich von deiner wahren Natur ab. Die Paqos sagen, dass wir dann nicht mehr zu Hause sind. Damit meinen sie, dass wir mit unserem Fokus aus unserem Körper herausgehen und unsere Erdung verlieren.
Der wichtigste Schritt beim Heilen deiner gespeicherten Verletzungen ist, deine wahre Natur zu stärken und damit deine Selbstliebe wachsen zu lassen.
Stell dir vor, du bist eine Mama und siehst, dass dein Kind weint und verletzt ist. Du weißt auch, dass dein Kind die Geschichten, die im Kindergarten vorgefallen sind, aus seiner ganz eigenen Perspektive erzählt. Trotzdem fühlst du Liebe für das Kind und tröstest es. Denn das Kind kann die Geschehnisse noch nicht aus einer höheren Perspektive betrachten.

Schritt 1

Wenn du dich in einer emotionalen Situation befindest, dann besteht der erste Schritt darin, deine Gefühle und deine Geschichte klar zu definieren.

Schritt 2

Im zweiten Schritt überprüfst du deine Reaktionsmöglichkeiten, die dir gegeben sind – Möglichkeit a und Möglichkeit b. Und du wählst *keine* der beiden Varianten. Denn in der Regel sind beide Varianten nicht angemessen und entsprechen nur den beschränkten Möglichkeiten, die du aus deiner gespeicherten Verletzung und aus deinem erlernten Reaktionsmuster heraus kennst. Sie sind lediglich die negative und die positive Seite deines Musters. Keine der beiden Lösungsmöglichkeiten ist heilsam. Indem du dich bewusst gegen diese Auswahl entscheidest, beginnst du bereits, die Beschränkungen deiner Verletzung aufzulösen. Dein Verstand wird rebellieren und sagen, dass du dich für eine Sache entscheiden musst, weil es ja irgendwie weitergehen muss.

Du aber beginnst zu vertrauen und weißt, dass deine wahre Größe außerhalb deiner Muster liegt.

Aber was wählst du stattdessen?

Du entscheidest dich für das Gefühl der Mama!

Und das ist Schritt drei.

Schritt 3

Wähle den liebevollen und verständnisvollen Blick auf dich selbst und deine Verletzung. Erinnere dich daran, dass dieser Teil in dir, der sich jetzt so fühlt, einfach vergessen hat, dass er auch ein Teil deiner wahren Natur ist. Er hat es einfach vergessen! Er weiß es nicht besser. Diese Energie war lange in einer Energieblase gespeichert und konnte nicht frei mit deiner restlichen Energie fließen.

Als multidimensionales Wesen hast du verschiedene Ebenen in dir, und eine davon steht über allen Geschehnissen deines Lebens. Es ist die Perspektive von Pachamama. Sie ist unsere Mama. Sie betrachtet liebevoll all unsere Entwicklungsschritte, Verletzungen und Fehltritte. Sie würde uns niemals ihre Unterstützung und ihr Wohlwollen entziehen. Diese Instanz erhebt sich über deine Geschichten und über deine Verletzungen, und sie ist größer als alles andere.

Deine wahre Natur, deine Seele, ist auf der Ebene von Pachamama und hält eine unendliche Quelle von Liebe und Mitgefühl für dich bereit. Wähle in diesen wiederkehrenden Situationen immer wieder die Perspektive von Pachamama und bring deine Seele wieder nach Hause.

Wenn du diese drei Schritte durchläufst, wirst du aufhören, dich mit deinen emotionalen Speicherungen und deiner Geschichte zu identifizieren. Es gibt nun keinen Grund mehr dafür. Du hast erkannt, dass es sich um eine alte Speicherung handelt.

Schritt 4

Um diese emotionale Speicherung für deinen Wachstumsschritt zu ehren und auch energetisch zu löschen, betrittst du den heilsamen Raum der Zeremonien. Das ist der letzte Schritt.

Du kannst den heiligen Raum öffnen (siehe Kapitel »Despacho-Anleitung«) und ein Gebet zu Pachamama sprechen: »Danke, Pachamama, dass du mich meine wahre Natur spüren lässt, dass du mich zum Grund des Ozeans führst und mich in deine Arme schließt. Danke, Pachamamita, danke.«

Du kannst für dich ein Ayni-Despacho machen oder einfach ein K'intu der Vergebung beten. Wir brauchen so viel Mitgefühl für uns selbst, dass diese kleine Gabe dir hilft, dein Herz zu öffnen. Nimm für dein K´intu in diesem Fall nur zwei Blätter anstatt drei – damit ehrst du die Dualität in dieser Welt. Diese Form des K'intus hat Don Lorenzo Jirillo Chura einmal offenbart. Sie ist wunderschön und heilsam.

Blatt 1: Ehre deine eigenen Gaben und Verletzungen, gib Dankbarkeit für all die Dinge, die du in dir hast. Gib einen Atemzug für Vergebung.

Blatt 2: Gib mindestens drei Atemzüge, um ganz zu dir nach Hause zu kommen. Gib einen Atemzug für Vergebung.

Lege beide Blätter auf Pachamama ab, danke ihr und danke dir selbst. Du kannst diese Gabe in deinem Heilungsprozess mehrmals wiederholen.

HUCHA AUSLEITEN

Wie Hucha entsteht

Hucha ist das Abfallprodukt deines Energiesystems. Du produzierst diese schwere Energie täglich durch deine innere Trennung von deiner wahren Natur. Hucha entsteht ganz konkret durch die Unbewusstheit deiner inneren emotionalen Welt. Wenn du in deinen Glaubensmustern feststeckst, wenn du projizierst, neidisch auf jemanden bist, dich selbst kleinmachst und negativ über dich und andere Personen denkst. Und auch, wenn du permanent ängstlich bist, dich in positiven oder negativen Erwartungshaltungen oder Fantasien verlierst, deine Grenzen verletzt, deine Selbstfürsorge missachtest, deiner Wahrnehmung nicht vertraust und dich für weniger wichtig nimmst, um es anderen recht zu machen.

Mach dir einfach bewusst, dass jeder Gedanke, egal, ob positiv oder negativ, Emotionen produziert. Positive Gedanken und Emotionen nehmen wir eher bewusst war als negative. Sie sind schlichtweg leichter zu ertragen. Daher ist die Wahrscheinlichkeit, dass positive Emotionen Hucha produzieren, geringer. Dennoch sind Sehnsüchte, Fantasien und unscheinbare Tagträumereien auch Hucha-Produzenten. Hucha ist also weder gut noch schlecht und entsteht auch nicht durch Gutes oder Schlechtes. Es ist vielmehr die Trennung vom Körperbewusstsein und der damit verbundenen Unterbrechung des Energieflusses mit der Erde, welche eine chaotische, unverdaubare Energie verursacht. Und wenn du einmal fünf Minuten am Stück jeden deiner Gedanken laut aussprichst, dann stellst du schnell fest, dass ziemlich viele blödsinnige Gedanken in dir herumspuken. Ich finde diese kleine Übung sehr hilfreich, um mir meines permanenten Inputs und meiner Selbstmanipulation bewusst zu werden. Am Anfang war es mir wirklich peinlich, und ich habe mich geschämt, meine Gedanken auszusprechen, weil ich hässliche und echt schräge Dinge gedacht habe. Mittlerweile identifiziere ich mich nicht mehr damit. Ich bin mir bewusst, dass diese Gedanken aus erlernten Strukturen, Vorstellungen von der Realität und den kollektiven Energiefeldern bestehen und sie nicht meiner wahren Natur entsprechen. Ich denke diese Dinge, aber ich bin sie nicht. Meine Gedanken geben mir lediglich Hinweise auf meine Muster und Sichtweisen sowie auf das Feld, in dem ich mich befinde. Aber all diese Ideen, Bewertungen und Anschauungen produzieren unentwegt Emotionen, die du nicht bewusst verarbeitest, und so entsteht Hucha. Es gilt also: Je bewusster und achtsamer du bist, umso weniger Hucha entsteht in dir.

Wenn Menschen Hucha produzieren, dann kann diese schwere Energie auch in Räume und Felder übergehen und sich dort festsetzen. Deshalb kannst du auch Hucha von anderen Personen aufnehmen, wenn du nicht achtsam bist und nicht bemerkst, dass deine Gedanken und Gefühle nicht deine eigenen sind, sondern aus diesem Feld stammen. Diese Erfahrung machte ich einmal in einem Büro. Jeden Tag spürte ich enorme Widerstände, dort hinzugehen. Eines Tages fand ich heraus, dass es in der Firmengeschichte jede Menge Konflikte und Widerstände gab. Nun wunderte ich mich nicht mehr über meine Gefühle in diesem Umfeld. Ich wusste, woher sie kamen, und hörte auf, sie zu meinem inneren Konflikt zu machen. Somit hörte ich auch auf, innerlich Hucha zu produzieren.

Auch im Kontakt mit anderen Menschen tauschst du täglich sowohl Sami, also leichte Energie, als auch Hucha aus. Das beste Beispiel dafür ist, wenn du gestresst von der Arbeit nach Hause kommst und all die Themen und Emotionen des Tages noch in dir toben und du spürst, dass du Ruhe und Zeit zum Ankommen benötigst. Aber zu Hause geht es gleich weiter: die Kinder begrüßen, Essen kochen, dich mit deinem Partner austauschen, Tiere füttern, oder was sonst noch so ansteht. Es wird nicht lange dauern, bis du mit deinen Liebsten auch Hucha ausgetauscht hast. Entweder du oder ein anderes Familienmitglied wird schlechte Laune bekommen und ohne offensichtlichen Grund nörgeln und frustriert werden.

Genau das macht Hucha im Energiesystem. Sie trennt dich von deiner wahren Natur, und sobald du dich unverbunden fühlst, hat dein permanenter Gedankenstrom Zugriff auf dich und beginnt fleißig, dir all die negativen Geschichten zu erzählen, die dich kleinmachen. Deshalb ist es so wichtig zu lernen, den eigenen Müll zu entsorgen, und zwar dort, wo er recycelt wird – in der Erde und nicht in den Räumen, Büros und Energiefeldern unserer Welt.
Indem du dafür sorgst, dass dein Energiesystem klar und natürlich bleibt, leistest du einen enormen Beitrag zu einer Gesellschaft, deren Kommunikation auf Verbundenheit und Selbstwahrnehmung basiert.
In der Andentradition ist das Erste, was du lernst, deine Hucha auszuleiten. Wenn du schon mal ein Healing von den Paqos oder von einem anderen Praktizierenden erhalten hast, kennst du das Gefühl davor und danach. Ich weise immer darauf hin, dass es kein Zurück mehr gibt, wenn du diesen Unterschied einmal gespürt hast. Du kannst die Erfahrung, wie es ist, mit weniger Hucha und mit mehr Sami durchs Leben zu gehen, nicht mehr rückgängig machen und setzt automatisch deine persönliche Wohlfühl-Messlatte höher. Du lernst, Hucha und Sami zu spüren, und ertappst dich dabei, wenn du selbst gerade ordentlich Hucha produzierst. Nach dem Healing beginnt daher die eigentliche regelmäßige Reinigungsarbeit!
Schwere Energie ist nichts Dramatisches. Sie fühlt sich nur nicht gut an und hält dich von deiner Verbundenheit fern. Du merkst dein Hucha-Level zum Beispiel anhand deiner gedanklichen Aktivitäten. Wenn du viel grübelst, planst, über andere Menschen nachdenkst und nicht zur Ruhe kommst, dann hast du wahrscheinlich einen vollen Hucha-Container. So nennen die Paqos den Energiebereich in unserem Bauch, in dem sich Hucha vermehrt ansammelt und von wo aus diese ausgeleitet werden kann.
Solange die schwere Energie frisch ist, kannst du sie einfach in die Erde ausleiten und viele deiner Sorgen, Emotionen und dein Unwohlsein werden wie weggeblasen sein. Schwieriger wird es, wenn Hucha sehr alt ist und bereits chronische Schmerzen und Krankheiten ausgelöst hat, weil über einen langen

Zeitraum zu wenig Sami deine Organe und Meridiane versorgt hat. Dann wird es eine Weile dauern, dich zu reinigen, und du brauchst Unterstützung in Form von Healings. Egal, wo du gerade stehst, es ist nie zu spät, mit einer täglichen Energie-Hygiene anzufangen, denn die regelmäßige Reinigung deines Energiesystems ist so wichtig, wie zu duschen und zur Toilette zu gehen.

Hucha Mikuy

Mikuy heißt »essen« und *Hucha Mikuy* ist eine der wichtigsten Techniken der schamanischen Andentradition, um deine Hucha zu verdauen und auszuleiten. Hucha kann überall in deinem Körper und deinem Energiefeld sein, aber das Hauptverdauungszentrum deiner Emotionen und der damit verbundene Hucha-Container befindet sich in deinem Bauch. Das Zentrum deines Bauches ist dein Bauchnabel, Qosqo genannt. Qosqo ist auch der ursprüngliche Name für die Stadt Cuzco in Peru. Sie ist das energetische Nabelzentrum des ehemaligen Inkareiches, von dem Hunderte von Energielinien in das heilige Tal in Peru führen.

Dein Nabel spielt eine wichtige Rolle bei deiner Verbindung zur Natur. Solange du im Bauch deiner Mutter warst, versorgte sie dich über die Nabelschnur mit allem, was du brauchtest. Sobald du geboren wurdest, wurde diese Verbindung zu deiner leiblichen Mutter getrennt, und Pachamama übernahm die Aufgabe, dich zu versorgen. Es gibt in den Anden eine spezielle Geburtszeremonie, bei welcher der Bauchnabel des Babys energetisch mit der Erde verbunden wird. Auch wenn du diese Zeremonie nicht erhalten hast, kannst du jederzeit beginnen, deine energetische Nabelschnur mit Pachamama zu verbinden und die Funktionen deines Qosqo zu erkunden und zu nutzen. Denn von Geburt an versorgt dich die Natur mit allen Elementen, die du brauchst.

Die folgende schamanische Übung »Hucha Mikuy« ist eine wichtige Basisübung. Es gibt verschiedene Varianten davon, und dies ist nur eine Möglichkeit, deine Hucha zu verdauen und auszuleiten.

Bei dieser Variante verbindest du dich mit zwei unterschiedlichen Energiequellen der Ukhu Pacha, Pachamamas unterer Welt. Du kannst dir das Innere der Erde wie die farbigen Schichten eines Regenbogens vorstellen. Ganz tief innen liegt Rot, dann folgen Orange, Gelb, Grün, Hellblau, Indigo, und an der Oberfläche liegt Violett. Die Erde ist in ihren energetischen Welten keineswegs nur dunkel oder schwarz. Zu Pachamama gehören zahlreiche Farben, Energiequellen und Tempel, die alle eine bestimmte Funktion haben. Wenn du beginnst, deine eigene Mesa zu erstellen, lernst du sie genauer kennen.

In dieser Basisübung verbindest du dich mit der orangefarbenen und der gelben Ebene. Die orangefarbene Ebene verdaut deine Hucha, und die gelbe Ebene lädt dich mit Sami von Pachamama auf.

Hucha Mikuy braucht etwas Übung. Es ist wie bei jeder anderen Fertigkeit, die du lernst: Je mehr du übst, umso besser wirst du darin.

Wenn dir genügend Zeit zur Verfügung steht, erde dich, bevor du mit der Übung beginnst, und richte deinen Raum aus.

Alternativ kannst du zu Beginn das Gebet zum Öffnen des heiligen Raumes aus dem Kapitel »Despacho-Anleitung« sprechen oder flüstern. So kannst du dich bereits mit Pachamama entspannen und den Kontakt mit ihr erlauben. Lass dich einfach von den Worten der Gebete berühren.

Den Audio-Download zu dieser Übung findest du hier:
https://www.randomhouse.de/Der-Ruf-von-Mutter-Erde

Schamanische Übung 4:

Reinigen — Hucha Mikuy

- Setze dich bequem hin. Lehne dich an der Rückenlehne eines Stuhls oder an der Wand an. Wichtig ist, dass du entspannt sitzen kannst. Wenn du magst, kannst du dich auch bequem hinlegen.
- Entspanne und atme. Mit jeder Ausatmung lässt du Anspannungen aus deinem Körper los – aus deinen Schultern, deinem Brustkorb und der Rückseite deines Herzens, aus deinem Kiefer und deinem Gesicht. Entspanne. Atme aus.
- Nun führe deine Hände über deinen Kopf, zu deinem achten Chakra und öffne deine Wiraqocha. Fächere sie breit auf, erlaube, dass sie sich ausdehnt und dich mit Licht umgibt.
- Setze deine Intention und sprich mit Pachamama — laut oder in Gedanken. Bitte sie und ihre Helfer, dich von deiner Hucha zu reinigen. Bitte sie um Erlaubnis, in ihre Unterwelt zu reisen. Bitte Huascar Inka, den Hüter der Unterwelt, um Erlaubnis einzutreten. Sage ihm, dass du dich reinigen möchtest und er dich mit der orangefarbenen Hucha-Mikuy-Ebene und der gelben Ebene verbinden soll. »Pachamama, Ukhu Pacha, Huascar Inka, hampuy. Ich bitte euch um Unterstützung bei meiner Reinigung. Hampuy. Helft mir, meine Hucha ins Fließen zu bringen und auszuleiten. Reinigt mich. Huascar Inka, ich bitte dich um Erlaubnis, in deine Welt zu reisen und mich mit der Hucha-Mikuy-Ebene und dem Licht der gelben Ebene zu verbinden. Danke.«
- Dann leg deine Hände auf deinen Bauchnabel. Dabei berühren sich deine Zeigefinger und beide Daumen, sodass die Hände ein Dreieck bilden. Das Dreieck zeigt mit der Spitze nach unten zu deinem Schoß, deine Daumen bilden die obere flache Kante über deinem Bauchnabel.

- Spüre in deinen Bauchnabel und öffne ihn mit deiner Intention wie eine Fotolinse, die du weit aufdrehst. Es kann sich auch wie ein Strudel aus Energie anfühlen, dessen Zentrum du weitest. Du kannst dabei ausatmen, und mit jeder Ausatmung öffnet sich dein Bauchnabel mehr. Wenn du magst, drehe mit deinen Fingern sanft dreimal gegen den Uhrzeigersinn um deinen Bauchnabel.
- Fühle den Energiestrudel, den du geöffnet hast. Er ist deine energetische Nabelschnur, die du nun mit der Erde verbinden kannst.
- Reise mit deiner energetischen Nabelschnur in die Erde und bitte Huascar Inka, dich durch die Regenbogenebenen zu führen. Ihr sinkt, fliegt oder steigt von der Oberfläche hinab durch alle Regenbogenfarben hindurch bis in die orangefarbene Ebene. Violett, Indigo, Hellblau, Grün, Gelb und Orange. Mit jeder Ausatmung entspannst du mehr und mehr und erlaubst, dass du dorthin reist. Erlaube. Vertraue deiner Intention, die du gesetzt hast.
- In der orangefarbenen Ebene angekommen, stöpselst du dort deine energetische Nabelschnur ein. Es gibt einen Anschluss dafür. Verbinde deinen Bauchnabel über die Nabelschnur damit. Und vertraue, dass du angeschlossen bist.
- Nun beginnt die Ausleitung. Atme durch deine Nase ein und durch deinen Mund aus. Dabei sendest du deine gesamte Hucha aus deinem Körper hinunter zu deinem Bauchnabel. Atme aus deinem Bauchnabel aus.
- Dieser Prozess kann mehrere Minuten oder sogar eine Viertelstunde dauern. Atme sanft und entspannt durch den Mund aus und schiebe dabei die Hucha zu deinem Bauchnabel. Von dort fließt sie in die Erde.
- »Hampuy, Pachamama! Komm, Pachamama, reinige mich! Reinige meine Hucha! Hampuy, Pachamama, Hampuy!«

- Atme weiter durch die Nase ein und durch den Mund aus. Sende deine Hucha zu deinem Bauchnabel. Hucha fließt aus deinem Körper, aus deinen Gelenken, aus deinen Organen und auch aus deiner Aura zum Bauchnabel.
- Achte darauf, dass du nicht hyperventilierst. Die Ausatmung aus dem Mund ist wichtig, aber du kannst dabei ruhig und sanft atmen.
- Erlaube, dass Pachamama ihren kraftvollen Ozean durch deine Nabelschnur in dich hineinfließen lässt und die Hucha aus allen Winkeln deines Körpers herausspült. »Hampuy, Pachamama, Hampuy! Komm! Komm, reinige mich!«
- Spüre deinen Körper und die Energie in deinem Körper. Was verändert sich? Bewegt sich etwas in dir? Vielleicht hast du auch keine Wahrnehmungen. Alles ist okay. Vertraue.
- Sobald du dich klarer, gereinigter und ruhiger fühlst, hast du einen Großteil deiner Hucha erfolgreich ausgeleitet und in deinem Energiekörper Raum für Licht geschaffen.
- Löse deine Verbindung zu der orangefarbenen Hucha-Mikuy-Ebene. Stöpsle deine energetische Nabelschnur wieder aus. Bedanke dich.
- Nun bitte Huascar Inka, dich eine Ebene hinaufzuführen, in die gelbe Ebene. Dort findest du wieder einen Anschluss. Verbinde deine Nabelschnur damit. Hier bekommst du reinstes Sami – Licht – von Pachamama. Du bekommst es als Ayni für die schwere Energie, die du ihr gegeben hast. Das Licht von Pachamama ist sanft, erdend und weiblich. Erlaube, dass das Licht durch deine energetische Nabelschnur in deinen Körper hineinfließt und alles auffüllt, wo vorher Hucha war.
- Entspanne, ruhe dich aus. Lass das gelbe Licht von Pachamama in dich hineinfließen. Vielleicht spürst du sogar Wärme in deinem Körper.
- Nimm dir Zeit. Wenn du dich ruhig und genährt fühlst, beende den Energiefluss. Löse die Verbindung und lass dich von Huascar Inka wieder an die Oberfläche geleiten.

- Schließe deinen Nabel wieder – lass den Energiestrudel wieder kleiner werden oder drehe mit deinen Fingern dreimal im Uhrzeigersinn um deinen Bauchnabel.
- Fühle tiefe Dankbarkeit für diese Reinigung, für Pachamama, ihre Ebenen und Huascar Inka. Bedanke dich.
- Beende die Übung. Schließe deine Wiraqocha oder lass sie geöffnet.

Ich hoffe, du fühlst dich nun ruhiger, leichter und mehr bei dir. Bitte habe Geduld. Je öfter du die Hucha-Mikuy-Übung machst, umso intensiver wird sie. Wichtig ist dein Vertrauen, es ermöglicht den Energiefluss. Zweifel, Ängste sowie der Versuch, den Prozess zu kontrollieren, verhindern dagegen den Energiefluss.

Am Anfang kann diese Übung eine halbe Stunde dauern. Ich nehme mir bei Bedarf viel Zeit dafür, doch im Alltag kann ich die Energie in ein paar Minuten zum Fließen bringen und bin nach zehn Minuten fertig.

Während der Ausleitung habe ich viele Empfindungen. Sie reichen von Kälte oder Druck über Übelkeit bis zu hin und her springenden Gedanken. Manchmal sind die Gefühle stärker, manchmal sanft. Doch ich fühle immer eine große Erleichterung, wenn die Hucha meinen Bauch verlässt.

Egal, was du fühlst, es ist auf jeden Fall richtig. Deine Erfahrung kann dabei ganz anders ausfallen als meine. Praktiziere diese Übung für eine Weile und entscheide selbst, wie sich dein alltägliches Leben dadurch verändert.

DEINE ENERGIE STÄRKEN

Um körperliche, mentale und emotionale Stabilität zu erhalten, benötigen wir für unseren Körper die vitale Kraft der Natur, Kallpa. Indem wir unseren Körper mit ausreichend Kallpa versorgen, kann er seinen natürlichen Funktionen nachgehen. Gleichzeitig stärken wir über diese Naturenergien auch unsere Erdung. Die Paqos kanalisieren für ihr Wohlbefinden regelmäßig Energien aus der Natur. So bauen sie ihr Energieniveau auf, erhalten ihre Gesundheit und können seelisch ganz in ihrem Körper sein – nach Hause kommen, wie sie sagen.

Für deinen Energiehaushalt ist aber nicht nur das Aufladen von Bedeutung, sondern es ist auch wichtig, dir bewusst zu machen, wo du Energie verlierst. Denn unsere Energie zu bewahren und sorgsam mit ihr umzugehen, ist die halbe Miete. Die meisten Verluste entstehen durch unser Verhalten, wodurch wir unsere Energie unachtsam herumschleudern und vergeuden. Du verlierst Kallpa, wenn du die Komponenten deines inneren und äußeren Ayni vernachlässigst. Du verlierst Energie, wenn du deine körperliche Selbstfürsorge missachtest und dich mit deinen vielen Gefühlen identifizierst, anstatt vertrauensvoll der Stimme deiner wahren Natur zu folgen. In unserer Gesellschaft ist Stress der Hauptfaktor für Energieverlust. Das beobachten die Paqos in Europa immer wieder. Wenn du dein Stresslevel und die damit verbundene Anspannung nicht reduzierst, dann baust du keine Energie auf.

In diesem Zusammenhang stehen natürlich auch deine Emotionen, sie haben einen besonders großen Einfluss auf dein Kallpa. Ich habe bereits beschrieben, dass Gedanken Emotionen produzieren und diese häufig zu Hucha führen. Sobald du spürst, dass du sehr emotional wirst, versuche, dich mit Pachamama zu verbinden, erde dich und leite eventuell auch Hucha aus. Oder sorge im Nachhinein für deine Erdung und emotionale Stabilität.

Deine Emotionen sind wie eine Wasseroberfläche. Ist sie ruhig wie ein Bergsee, spiegelt sich darin das ganze Universum, und du kannst bis zum Grund schauen, wo deine wahre Natur dich leitet. Ist sie aber unruhig und stürmisch, siehst du darin alles verzerrt – auch dich selbst. Auch positives Überdrehen bei Partys oder im Freundeskreis tut deinem Energieniveau nicht gut. In unserer Gesellschaft lieben wir Extreme und viel Entertainment. Hier werden die Unterschiede zwischen der peruanischen Subsistenzwirtschaft und unserer überfrachteten Konsumkultur besonders deutlich. Ich habe die Paqos sehr lange beobachten können. Sie sind emotional gemäßigt und lassen sich nicht auf logische Diskussionen ein. Sie haben keinerlei Ambitionen, recht zu haben, oder den Drang, einen komplexen Sachverhalt verstehen zu wollen. Während ich mich in meinen Lehrjahren oft an ungeklärten Fragen festbiss, gab es für die Paqos keine Notwendigkeit, irgendetwas jetzt und sofort zu verstehen. Ich hatte ausreichend Gelegenheit, mich in Gelassenheit zu üben und den Drang nach Wissen einfach aufzugeben.

Ebendiese mentale Überbetonung, die wir hier pflegen, führt zu einem Energieverlust. Du verlierst Kallpa, wenn du zu viel grübelst, permanent über etwas nachdenkst, vergangene Gespräche Revue passieren lässt oder zukünftige Situationen immer wieder durchspielst. Mentale Exzesse wie unendliche Träumereien und Fantasien über Dinge, die nie passieren werden, kosten dich enorm viel Kraft.[10] All dies sind Hinweise auf deine Ängste, Muster, Projektionen und Wunschvorstellungen und hinterlassen energetisch ein großes Chaos in dir.

Deswegen ist es so wichtig, dass du dein inneres Ayni erkundest, dich aufmerksam beobachtest und entdeckst, wie und was du denkst. Aber noch wichtiger ist, dass du all diese hausgemachten chaotischen Energien ausleitest und dich mit geordneter Energie der Natur auflädst.

Das Geheimnis lautet: Mäßige deine Gedanken und Gefühle und du steigerst deine Energie.

Ich zeige dir jetzt eine kraftvolle Übung der Andentradition zum Kanalisieren von vier vitalen Energien. Es geht um das Aufladen deines Herzzentrums, deines Bauchzentrums, deiner Knochenenergie und deiner Blutenergie. Diese Viererkette baut in kürzester Zeit dein Energieniveau auf.
Der Begriff »chakuy« beschreibt eine Art »lebendiges Einfangen«, eigentlich von Tieren, aber in diesem Fall von Energien. In der Andentradition gibt es verschiedene Formen des Saminchakuy. Die Besonderheit bei dieser erweiterten Variante liegt in den zusätzlichen drei Energien, die du kanalisierst. Sie stärken dein Energiesystem, helfen dir, sanfter zu werden. Die gesamte Übung besteht sozusagen aus vier Einzelübungen, die du direkt nacheinander machst.
Das sind die vier Energiequellen:

Saminchakuy

Energie der Sonne für dein Herzzentrum
Körperposition: Mitte Brustbein
Öffnet dein Herz, lädt es mit Licht auf und hilft dir, Sanftmut zu entwickeln.

Tullunchakuy

Energie der Venus für deine Knochen und dein Knochenmark
Körperposition: Außen auf deinen Schultern, am Ende des Trapezmuskels
Gibt starke Energie für deine Knochen und reinigt Blockaden, die dich einst bis ins Knochenmark erschüttert haben.

Yawarchakuy

Energie des Merkur für dein Blut
Körperposition: Puls am Handgelenk
Reinigt energetisch dein Blut und harmonisiert deinen Puls.

Kallpachakuy

Energie des Saturn für deinen Bauch
Körperposition: Qosqo, Bauchnabel
Stärkt deine physische Kraft und hilft dir, dich zu zentrieren.

Nimm dir ausreichend Zeit, dich auf die jeweiligen Energiequellen einzustimmen. Du kannst dabei dein Vertrauen in die Sonne und die Planeten aufbauen. Dies ist deine erste Übung zum Kanalisieren von Energien aus der Natur. Du beginnst nun, deine eigenen Erfahrungen damit zu machen, wie sich die einzelnen Kräfte anfühlen. Vielleicht spürst du, dass dein Körper vibriert, dass Wellen von Energie hineinströmen oder du beginnst leicht zu schwanken. Die Empfindungen variieren von Person zu Person. Es kann hilfreich sein, wenn du die vier Übertragungen bei Gelegenheit von einem erfahrenen Lehrer bekommst, wie bei den Karpays, um ein Gespür für die vier Energiequellen zu bekommen. Aber probiere die Übung zunächst einfach aus und entdecke deine Fähigkeiten. Wenn dir genügend Zeit zur Verfügung steht, erde dich, bevor du mit der Übung beginnst, und richte deinen Raum aus.

Den Audio-Download zu dieser Übung findest du hier:
https://www.randomhouse.de/Der-Ruf-von-Mutter-Erde

Saminchakuy

Beim Saminchakuy sind es dein Vertrauen und deine Liebe, welche die Energie zwischen dir und der Sonne ins Fließen bringen.

Schamanische Übung 5:

Aufladen – Saminchakuy, Tullunchakuy, Yawarchakuy, Kallpachakuy

- Setze oder stelle dich bequem hin. Lehne dich an der Rückenlehne eines Stuhls oder an der Wand an. Wichtig ist, dass du entspannt sitzen kannst.
- Entspanne und atme ein paar Mal tief ein und aus. Mit jeder Ausatmung lässt du Anspannungen aus deinem Körper los – aus deinen Schultern, deinem Brustkorb und der Rückseite deines Herzens, aus deinem Kiefer und deinem Gesicht. Entspanne. Atme aus.
- Nun führe deine Hände über deinen Kopf, zu deinem achten Chakra und öffne deine Wiraqocha. Fächere sie breit auf, erlaube, dass sie sich ausdehnt und dich mit Licht umgibt.
- Spüre in dich hinein. Setz deine Intention, dich mit den vier Energien aufzuladen, und bitte innerlich Pachamama, die Sonne, Venus, Merkur und Saturn, dich zu unterstützen. Sende ihnen deine ehrliche Anfrage als Kind des Kosmos. Bitte den Hüter der Oberwelt, Pachakuteq Inka, um Erlaubnis, dich mit den Sternen und den Planeten zu verbinden.

Saminchakuy

- Um die Energie der Sonne für dein Herzzentrum zu kanalisieren, lege deine Hände auf die Mitte deines Brustbeins. Spüre dein Herzzentrum, so, wie es sich jetzt anfühlt. Öffne dein Herz-Chakra, indem du es mit einer Hand dreimal gegen den Uhrzeigersinn drehst. Deine Finger können die Kreise direkt auf deinem Brustbein ziehen. Stelle dir einen Energiestrudel vor, den du nun weitest.
- Nimm dir einen Moment Zeit, deine Verbindung zu Vater Sonne, Tayta Inti, zu spüren. Die Sonne ist verbunden mit der göttlichen Quelle.

- Dann hebe deine Arme auf eine bequeme Höhe und öffne beide Handflächen zum Kosmos. Entspanne, vertraue und lass geschehen. Erlaube deine Verbindung zu Tayta Inti. »Tayta Inti, hampuy!« »Komm, Vater Sonne, heile das, was meine Seele schon geheilt hat!«
- Dann sagst du laut: »Saminchakuy, Saminchakuy, Saminchakuy! Hampuy, hampuy, hampuy!«
- Führe deine Hände langsam zu deinem Herzen. Bringe das Licht der Sonne in dein Herz.
- Lege deine Hände auf dein Herzzentrum und erlaube, dass die Energie in dich hineinfließt. Nimm dir einen Moment Zeit dafür.
- Dann schließe dein Herz-Chakra wieder, indem du mit einer Hand den Energiewirbel dreimal im Uhrzeigersinn drehst.
- Bedanke dich bei der Sonne.

Tullunchakuy

- Um die Energie der Venus für deine Knochen und dein Knochenmark zu kanalisieren, legst du deine Fingerspitzen auf deine Schultern. Du kannst deine Schultern jeweils mit der anderen Hand nacheinander berühren. Fühle die kleine Kuhle, die am äußeren Ende deines Trapezmuskels liegt. Sie befindet sich kurz vor deinem Schultergelenk, dort, wo sich dein Schlüsselbein mit der Schulter verbindet. Lass deine Finger diese Stelle von allein finden. Vertraue deinem Gespür.
- Dann öffne diese Energiepunkte, indem du sie mit deinen Fingerspitzen »aufziehst«. Öffne zuerst den Energiepunkt an der einen Schulter, anschließend an der anderen. Führe Daumen und Zeigefinger zusammen und ziehe sie dann auf deiner Schulter auseinander, so als würdest du eine Linie zeichnen. Ziehe sie in zwei Richtungen auseinander, so als würdest du ein Kreuz malen. Der Punkt in der Mitte deines Kreuzes ist der geöffnete Energiepunkt.

- Verbinde dich nun mit der Venus. Atme, entspanne und erlaube dir, dass sie dich mit ihrem Licht segnet. Nimm dir einen Moment Zeit, deine Verbindung zu spüren.
- Dann hebe deine Arme auf eine bequeme Höhe und öffne beide Handflächen zum Kosmos. Sage laut: »Tullunchakuy, Tullunchakuy, Tullunchakuy! Hampuy, hampuy, hampuy Venus!«
- Bringe die Energie der Venus nun mit deinen Händen zu deinen Schultern und lass die Energie in dich hineinströmen. Entspanne, erlaube diese Segnung.
- Dann schließe deine Energiepunkte, indem du die Linien wieder zusammenziehst oder einfach Kreuze darauf zeichnest.
- Bedanke dich bei der Venus.

Yawarchakuy

- Um nun die Energie des Merkur für dein Blut und seine fließende Energie zu kanalisieren, berührst du nacheinander mit dem Daumen deinen Puls auf der Innenseite deiner Handgelenke. Spüre, wie dein Blut durch deinen Körper fließt. Verbinde dich dadurch mit deiner Blutenergie, stimme dich ein.
- Öffne den Energiepunkt direkt auf deinem Puls mit drei kleinen Kreisbewegungen gegen den Uhrzeigersinn. Öffne erst den Puls an der einen Seite, dann auf der anderen.
- Stimme dich innerlich auf den Planeten Merkur ein. Erlaube, dass sein Licht dich segnet.
- Hebe deine Arme auf eine bequeme Höhe und öffne beide Handflächen zum Kosmos. Sage laut: »Yawarchakuy, Yawarchakuy, Yawarchakuy! Hampuy, hampuy, hampuy Merkur!«
- Nun bringe diese kostbare Energie langsam vom Kosmos zu deinem Körper. Halte deine Hände einfach geöffnet auf Bauchhöhe, mit den

Handinnenflächen nach oben. Lass die Energie in deinen Puls fließen. Entspanne und erlaube diese Segnung.

- Schließe dann deine Energiepunkte wieder, indem du mit deinen Fingern drei kleine Kreise im Uhrzeigersinn zeichnest.
- Bedanke dich bei Merkur.

Kallpachakuy

- Um die Energie des Saturn für deinen Bauch und deine Kraft zu kanalisieren, lege beide Hände auf deinen Bauchnabel. Spüre deinen Bauch, dein Kraftzentrum, deine Erdung.
- Öffne nun deinen Bauchnabel, indem du mit einer Hand drei Kreise gegen den Uhrzeigersinn zeichnest. Öffne ihn wie einen Energiestrudel oder eine Fotolinse.
- Verbinde dich mit Saturn. Setze deine Intention und bitte um seinen Segen. Erlaube dir den Kontakt mit dieser wundervollen Kraft.
- Hebe deine Arme auf eine bequeme Höhe und öffne beide Handflächen zum Kosmos. Sage laut: »Kallpachakuy, Kallpachakuy, Kallpachakuy! Hampuy, hampuy, hampuy Saturn!«
- Bringe dann das Licht des Saturn hinunter zu deinem Bauch. Lege beide Hände auf deinen Nabel und lass die Energie in dich hineinströmen. Fühle. Entspanne.
- Danach schließe deinen Bauchnabel wieder, indem du drei Kreise im Uhrzeigersinn zeichnest. Mache deinen Energiewirbel wieder kleiner, schließe deine Fotolinse.
- Bedanke dich bei Saturn.

- Zum Abschluss verteile die gesamte Energie in deinem Energiefeld, in deinem Körper. Reibe deinen Körper von oben bis unten und von unten nach oben ab. Verteile die Energie auch in deiner Aura. Sobald sich alles gut verteilt anfühlt, kannst du deine Wiraqocha wieder schließen oder sie geöffnet lassen. Spüre noch einmal tiefe Dankbarkeit für die Kräfte und beende die Übung.

Blessing

Die Kräfte der Natur und des Kosmos aufzunehmen, ist eine Gnade, die tief im Herzen berührt. Die Berge von Machu Picchu sind immer noch durchdrungen von den Segnungen Pachamamas.

Du kannst dich jederzeit mit den Energien der Erde und des Kosmos aufladen und damit deine Reise zu dir selbst unterstützen. Ich habe dir in diesem letzten Kapitel wichtiges Wissen und heilige Werkzeuge an die Hand gegeben, die dich der Natur und deiner wahren Natur näherbringen werden. Dein Energieniveau, deine Gesundheit, deine seelische Entfaltung – alles wird durch deine Beziehung zu Pachamama beeinflusst. Wenn du diese schamanischen Übungen regelmäßig praktizierst, kannst du selbst herausfinden, welchen Effekt sie auf dein Leben haben. Entdecke die Kraft deiner liebevollen Verbindungen!

NACHWORT

When will you learn that the more you take
means the less that you'll have
at the end of the day
Stillness of the mind is so hard to embrace
freedom of the heart is what we crave

XAVIER RUDD (STORM BOY)

Wir befinden uns im Taripay Pacha – in der Zeit, in der wir uns selbst wiederbegegnen. Unsere seelischen Aspekte sowie unsere materiellen und immateriellen Seins-Ebenen werden für uns wieder bewusst wahrnehmbar. Unser Weltbild darf sich verändern.

Das Taripay Pacha ist die Zeit, in der wir erkennen, dass wir ein Teil der Erde sind. Wir sind Licht, Energie, Kawsay. Wir sind Pachamamas Körper, und unsere Seele kommt von den Sternen. Wir erschaffen Sami und Hucha und einzigartigen Nektar und teilen all dies mit allen anderen. In uns fließt die Kraft der Natur, der Planeten. Wir sind Wind, Erde, Ozean und tragen die Wärme des Feuers in unseren Körpern. Wir haben Berge als Väter, Flüsse und Lagunen als Mütter, Bäume und Steine als Freunde.

All das sind wir. Wir sind untrennbar verbunden mit der Natur – physisch, emotional und seelisch.

Wie wirken sich diese Erkenntnisse auf unseren Alltag aus? Können wir weiterhin guten Gewissens unbedacht konsumieren und Müll produzieren? Ein unberührter Strand am Meer ruft in uns innere Ruhe und tiefen Frieden hervor. Aber ein Strand mit Plastikmüll und Ölteppich mit Sicherheit nicht mehr. Was würdest du ändern, wenn du wüsstest, dass der Zustand der Erde bis in deine Seele reicht?

Sobald wir verstehen und vor allem fühlen, dass unsere körperliche Gesundheit und unsere seelische Entfaltung davon abhängen, dass wir mit der Erde in Balance sind und die Natur für uns nicht nur eine Umgebung ist, auf die ein wenig Rücksicht genommen werden muss, können wir nicht weitermachen wie bisher.

Ich habe dieses Buch mit absoluter Hingabe entstehen lassen, weil ich weiß, dass unser persönliches Glück, unsere Heilung und das Finden unserer Seele, nach der wir so unendlich lange suchen, nur mit Mutter Erde möglich ist. Es scheint so banal, aber mit jedem Einkauf eines Produktes, das die Umwelt belastet, steuern wir nicht nur die Erde in ein Desaster, sondern manipulieren aktiv unsere eigene Balance, unsere Gesundheit und somit unseren Weg zu uns selbst.

In unserem wirtschaftlich starken Land haben wir alle Ideen, Forschungen, Technologien und finanziellen Möglichkeiten, anders mit der Erde zu leben und mit ihr umzugehen. Dennoch haben wir so viel Angst davor, Annehmlichkeiten aufgeben zu müssen, dass das ganze Land bemüht ist, umweltverträgliche Lösungen lediglich innerhalb unserer Komfortzone und ihren alten wirtschaftlichen Regeln zu finden.

Wir werden einsehen müssen, dass eine Fortsetzung unserer Maxime »Wirtschaft über Ökologie« keine Zukunft hat: Import- und Exportwahn, um alles überall zu bekommen. Containerweise Müll und Plastik rausschiffen statt Kreisläufe zu durchdenken. Elektroautos mit riesengroßen Batterien statt Reduzierung der Transportwege. Es gibt so viele halbherzige Entscheidungen, nur um unser Prinzip des Wirtschaftswachstums nicht zu verletzen.

Es mangelt einfach an der Liebe zur Erde und damit auch an Liebe zu uns selbst, unsere wirtschaftlichen Regeln zu verändern und sie wichtigeren Maßstäben zu unterwerfen. Solange wir die Zerstörung vorantreiben, haben wir nicht gelernt, welchen Wert eine Seele hat. Ob nun die Seele der Erde, der Lebewesen oder gar unsere eigene. So ist unsere Klimakrise vielmehr eine seelische Krise, die es zu heilen gilt. Wir brauchen Munay – das Fühlen unserer Verbindung zur Natur. Eine globale Herz-Evolution ist vonnöten.

Wir brauchen mutige Menschen in Firmen und Konzernen, welche Stopp sagen und die Erhaltung der Natur zur obersten Prämisse ernennen. Alle Entscheidungen wirtschaftlicher Art könnten doch auf der Erhaltung des Planeten für nachfolgende Generationen basieren. Was für einen großartigen Wert und Selbstwert würden wir uns und der Erde damit geben.

Natürlich brechen wir damit unsere Regeln, agieren gegen unser bisheriges System, aus dessen Perspektive wir unendlich viele Argumente finden, warum eine schnelle, gravierende Änderung scheinbar nicht umzusetzen ist. Wir alle wissen es bereits, aber wenige sprechen es aus: Die Erhaltung unserer starken Wirtschaft ist die Regel, die wir opfern müssen.

Also lasst uns den Mut haben, diese alten, ausgetretenen Pfade nicht weiterzuverfolgen. Große politische Entscheidungen sollen diejenigen treffen, die sie selbst noch erleben werden. Alles andere ist unglaubwürdig.

Lasst uns ökologisch schädliche Geschäftszweige gegen nachhaltige austauschen und von allem weniger nehmen. Der Mut dafür entspringt deiner Seele. Du hast die Fähigkeit, all deine Handlungen wertvoll zu gestalten, wenn du deinen Wert in *deiner Abhängigkeit* von anderen und anderem anerkennst. Am Ende deines Lebens zählen deine Beziehungen – zu anderen Menschen, zu dir und zur Erde.

Die schamanische Andentradition kann dir helfen, diese Stärke zu erkennen.

Mutter Erde ruft dich.
Komm nach Hause.
Komm zurück zu Pachamama.
Finde heraus, wer du bist.

Ich wünsche dir für deinen Weg:

All die Weisheit,
all die Liebe
und all die Kraft,
deiner inneren wahren Natur Ausdruck zu verleihen!

Tucuy Yachay Niyuq
Tucuy Munay Niyuq
Tucuy Llank'ay Niyuq

Saminchay, Blessings

Madita Böer

Wenn du mehr über mich und den Weg als Pampa Mesayok erfahren möchtest, dann findest du auf meiner Homepage Inspiration, Informationen und vertiefende Kurse zur schamanischen Andentradition.
Wenn du mich kontaktieren möchtest, findest du mich auf Facebook, du kannst mir aber auch gerne eine Mail schreiben.

www.maditaboeer.de
mail@maditaboeer.de
www.facebook.com/maditaboeer

DANK

Urpichay Sonqoy

Danke, Pachamama, dass ich dieses Buch schreiben durfte. Ich hatte eine wahnsinnig tolle Zeit! Du bist mir immer ganz nahe. Danke, Pachamama, für alles, was du mir gibst, vor allem deine Liebe.

Ganz besonderer Dank geht an den Arkana Verlag, meine beiden Lektorinnen und die grafische Abteilung, die mit unzähligen Ideen und viel Liebe zum Detail mein Manuskript zu diesem Buch verwandelt haben. Ich danke meinen Lehrern und Lehrerinnen, den Paqos aus dem heiligen Tal und besonders Don Mariano und Don Sebastian für ihre Unterstützung bei diesem Projekt und Luis für seine geduldigen Übersetzungen. Ich bin unendlich dankbar für eure Begleitung all die Jahre! Ich danke meinem Mann Gero für das Gefühl von Geborgenheit und Halt. Ich liebe die tägliche Wechselwirkung mit dir. Du bereicherst mein Leben unglaublich. Mein Herz geht auf, wenn ich deine Augen leuchten sehe! Ein sehr großer Dank geht an meine Freunde Jelena, Sonja, Marion, Katia und Nicola für euren festen Glauben an dieses Buch und eure offenen Ohren und Herzen in Zeiten der Reflexion. Ich danke meiner Familie, die mir all diese wundervollen Gaben mit auf den Weg gegeben hat. Danke, dass ihr euch so sehr mit mir freut. Ich danke allen in meinem Umfeld, die mich mit ihrem Licht und dem einen oder anderen Satz inspiriert und ihre Liebe in dieses Buch gesendet haben. Und ich danke dir, lieber Leser, liebe Leserin, dass du dem Ruf von Mutter Erde bis hierhin gefolgt bist.

Urpichay Sonqoy – eine Taube von meinem Herzen zu deinem.

GLOSSAR

Die Quechua-Übersetzungen basieren größtenteils auf der inhaltlichen Interpretation der Paqos. Alle Schreibweisen und auch die wörtlichen Übersetzungen wurden mit dem offiziellen Quechua-Wörterbuch der Academia Mayor de la Lengua Quechua, 2005, abgeglichen. Da der Plural im Quechua mit dem für uns ungewohnten Suffix *-kuna* gebildet wird, verwende ich in den Texten teilweise die an unsere Sprachgewohnheiten angepasste Pluralform mit *s*. Beispielsweise in der Bezeichnung Karpays.

Persönlicher Hinweis

Bedeutsame Worte der Andenkosmologie sind nicht nur Bezeichnungen für etwas in einer anderen Sprache. Worte wie *Pachamama, Apu, Tayta Inti, Mama Killa, Ayni, Munay* und *Hampuy* sind seit Jahrtausenden mit spirituellen Ansichten und Bedeutungen aufgeladen worden. Diese Worte mit offenem Herzen laut auszusprechen, ermöglicht einen Raum der Heilung und eine direkte Kommunikation mit deren Quelle. Aus diesem Grund ist es so kraftvoll, die Quechua-Bezeichnungen für Energiequellen und Spirits in den Meditationen und Despachos zu verwenden. Die uralte kulturelle Konnotation dieser Worte überträgt ihre Balance mit Pachamama auf unser eigenes Energiefeld.

A

Allpa (ausgesprochen: Allpa)
Element Erde.

Antisuyu (ausgesprochen: Anti Suju)
Himmelsrichtung Osten. Historisch: Region des Inkareiches östlich von Cuzco. In der Kosmologie wird diese Himmelsrichtung archetypisch durch den Kondor Apuchin repräsentiert.

Ayni (ausgesprochen: Ei-nie)
Reziprozität. Austausch. Beschreibt das Hauptprinzip der Andentradition, die heilige Wechselwirkung und Interdependenz zwischen allem.

Apu (ausgesprochen: Apu)
Heiliger Berg. Berg-Spirit. Apu Ausangate, Apu Salkantay, Apu Machu Picchu. Mehrzahl: Apukuna. Apu ist ein Ehrentitel und bezeichnet eine hohe Position wie »Herr, Lord, Bevollmächtigter«, der den Spirits der Berggipfel verliehen wird.

Apuchin (ausgesprochen: Apu Tschin)
Der große Kondor, Archetyp und Botschafter der oberen Welt. Auch Apukuntur genannt.

Apacheta (ausgesprochen: Apa Teschetta)
Eine Apacheta ist ein Turm aus übereinandergestapelten Steinen, die mit Gebeten aufgeladen wurden. Man sieht sie häufig in den Bergen, und sie sind kleine Altäre für die großen Apukuna. Apacheta bezeichnet wörtlich einen »heiligen Ort«.

Apu Ausangate (ausgesprochen: Apu Aussan Gatte)
Großer und wichtigster Berg bei Cuzco. Im Quechua auch Awsinqati geschrieben.

C

Chakana (ausgesprochen: Tschakana)
Ein heiliges Symbol in Kreuzform, mit Zwischenstufen und einem Kreis in der Mitte. Der Name stammt von der Sternenkonstellation »Kreuz des Südens«. Es ist wörtlich übersetzt eine »Treppe« oder eine »Brücke«, um von einem Ort zu einem anderen zu gelangen.

Ch'aska (ausgesprochen: Tschaska)
Stern. Mehrzahl: Ch'askakuna.

Chinchaysuyu (ausgesprochen: Tschin Schei Suyu)
Himmelsrichtung Norden. Historisch: Region des Inkareiches nördlich von Cuzco. »Chincha« steht für »Norden«. »Chinchas« bezeichnet aber auch die Jaguare, die im Norden des Inkareiches zu Hause waren. In der Kosmologie wird diese Himmelsrichtung jedoch archetypisch durch den Kolibri Siwar Q´ente repräsentiert.

Choqechinchay (ausgesprochen: Tschohke Tschin Schei)
Jaguar. Archetyp des Westens Kuntisuyu. Auch Otoronqo oder Uturunku genannt.

Chumpi (ausgesprochen: Tschumpi)
Ring, Gürtel. Energieverbindung rund um den Körper von der vorderen bis zur rückseitigen Öffnung eines Chakras.

Chumpi khuya (ausgesprochen: Tschumpi Kuja)
Chumpi-Steine. Ein Set aus sieben geschnitzten Steinen (Meteorit oder Alabaster), die jeweils eine bis sieben kleine Spitzen haben und mit Symbolen verziert sind. Je nach Verwendung gibt es auch Sets aus nur fünf Steinen.

Cuzco (Cusco) (ausgesprochen: Kussko)
Stadt in den Anden im mittleren Süden von Peru. Der Name leitet sich von Q'osqo ab und bedeutet »Nabel«. Cuzco war das Zentrum des Inkareiches, von dem sich das Tawantinsuyu mit seinen vier Regionen ausbreitete.

D

Despacho (ausgesprochen: Despatscho)
Gabenbündel, Gebetsmandala, auch Haywarikuy oder Haywarisqa genannt. In einer Despacho-Zeremonie wird die heilige Wechselwirkung Ayni zwischen dir und Pachamama ausbalanciert.

H

Haywarikuy (Haywarisqa) (ausgesprochen: Hei Ua Riki)
Gabe (Despacho). Es ist die ursprüngliche Quechua-Bezeichnung für ein Despacho. »Haway« heißt »überreichen, geben«.

Hampuy (ausgesprochen: Hampi)
Komm, komm! Heile! Abgeleitet von »hamuy«, das »herkommen, näher kommen« bedeutet. In einer tieferen Interpretation der Paqos: *Heile das, was meine Seele schon geheilt hat!*

Hanaq Pacha (ausgesprochen: Hanack Patscha)
Auch Hanan Pacha genannt. Die Oberwelt der andinen Trilogie. Sie beeinflusst die Erde und ihre Lebewesen. Zu ihr gehören auch die Sonne, der Mond und die Sterne, mit denen wir in Interdependenz stehen. Ihr Hüter ist Pachakuteq Inka.

Hatun (ausgesprochen: Hattuhn)
Groß.

Hatun Karpay (ausgesprochen: Hattuhn Karpei)
Große Initiationsreihe der drei Zentren, Herz (Munay Karpay), Kopf (Yachay Karpay) und Bauch (Llank'ay Karpay).

Hayaya (ausgesprochen: hei jei ja)
Eine Bekräftigung des Gesagten, beispielsweise nach Gebeten. »So ist es.«

Huascar Inka (ausgesprochen: Huas ka Inka)
Der Hüter der Unterwelt (Ukhu Pacha).

Hucha (ausgesprochen: Hutscha)
Schwere Energie. Diese wird nur von uns Menschen produziert. Wir können sie nicht verwerten, weil sie chaotisch und unverdaubar für uns ist, aber die Natur kann sie verwerten. Das Gegenteil von Hucha ist Sami, leichte und geordnete Energie.

Hucha Mikuy (ausgesprochen: Hutscha Mi Kui)
»Mikuy« heißt »essen«. Hucha Mikuy – schwere Energie essen – ist eine wichtige Ausleitungstechnik von schwerer Energie.

I

Inka (ausgesprochen: Inka)
Kinder der Sonne, historisch: König des Inkareiches.

Itu Apu (ausgesprochen: Itu Apu)
»Itu« heißt »Anrufung, Gebet«. Und »Apu« steht in diesem Fall für einen »Berg«. Der Itu Apu bezeichnet den männlichen Teil deiner kosmischen Eltern. Meistens ist es ein Berg in der Nähe deines Geburtsortes. Es kann sich aber auch um einen Fluss handeln.

K

Kallpa (ausgesprochen: Kalpa)
Vitale Energie, Stärke, Kraft, innere und persönliche Stärke. Kallpa bezeichnet sowohl vitale Energien der Natur als auch dein persönliches Energielevel.

Kallpachakuy (ausgesprochen: Kallpa Tschaqui)
Übung zum Kanalisieren von Energie. Aufladen des Bauchzentrums mit der Kraft des Saturn. Wörtlich übersetzt heißt »Kallpachakuy« oder das Verb »kallpachay« auch »trainieren, ertüchtigen«.

Karpay (ausgesprochen: Karpei)
Initiation, Energieübertragung. Wörtlich übersetzt heißt es »wässern, bewässern, mit Wasser gießen«. Gewässert werden die Lichtsamen, die wir in uns tragen, damit sie wachsen und sich entfalten können.

Kay Pacha (ausgesprochen: Kei Patscha)
Die Mittelwelt der Trilogie. Sie ist die materielle, die berührbare Welt, wo wir sind. Das Verb »kay« bedeutet »sein«. Die Mittelwelt repräsentiert die Brücke zwischen Erde und Himmel. Sie ist die Ebene, auf der sowohl wir als auch alle Pflanzen, Tiere und Orte in einer physischen Form existieren.

Kawsay (ausgesprochen: Kausei)
Ist sowohl ein Substantiv als auch ein Verb und heißt »Leben/leben«. Kawsay ist lebendige Energie und die Essenz aller Dinge. Es ist die Anerkennung, dass alles um uns herum lebendig ist und ein Bewusstsein hat. Kawsay ist die Grundlage für Materie, kann aber auch ohne Materie existieren.

Kawsay Pacha (ausgesprochen: Kausei Patscha)
Die Welt der lebendigen Energien. »Kawsay« heißt »Leben« und »Pacha« steht für »Zeit und Raum«.

Kawsay puriy (ausgesprochen: Kausei Purie)
Weg der Wahrheit und der Ehrlichkeit. »Puriy« heißt »fortbewegen, gehen« und bezeichnet im Zusammenhang mit »Kawsay« die Art und Weise, wie wir unseren spirituellen Weg gehen. In einer tieferen Interpretation der Paqos bedeutet puriy: *Wie wir mit unserer Seele auf Pachamama arbeiten.*

Khuya (ausgesprochen: Kuja)
Medizinstein einer Mesa. Ein »Khuya« ist ein »erwachter Stein«, während »Rumi« einfach »Stein« heißt.

K'intu (ausgesprochen: Kintuh)
Set aus drei Blättern für Gebete. Traditionell werden dafür Cocablätter verwendet. Diese können aber auch durch Pflanzen unserer Region ersetzt werden, wie Salbei, Minze, Lorbeer, Hainbuche, Rosenblätter etc.

Kuntisuyu (ausgesprochen: Kuntie Suju)
Himmelsrichtung Westen. Auch Qontisuyu geschrieben. Historisch: Region des Inkareiches westlich von Cuzco. In der Kosmologie wird diese Himmelsrichtung archetypisch durch den Jaguar Choqechinchay, auch Otronqo genannt, repräsentiert.

L

Llank'ay (ausgesprochen: Jankei)
Arbeit, arbeiten, Dienst, Aufgabe, Service. Es ist die Kraft des Bauchzentrums, der Aktionen und Handlungen im Einklang mit dem Herzen und der seelischen Weisheit.

M

Mallki (ausgesprochen: Mall kie)
Baum. Mehrere Bäume heißen Mallikuna.

Mama Cocha (ausgesprochen: Mama Kotscha)
Wasser, Bezeichnung für alle Gewässer und die Ozeane.

Mama Killa (ausgesprochen: Mama Kija)
Mutter oder Großmutter Mond.

Masintin (ausgesprochen: Massien tien)
Harmonie und Ergänzung von gleichen Energien.
Das Pendant ist Yanantin: Harmonie und Ergänzung von unterschiedlichen Energien und Gegensätzen.

Mayu (ausgesprochen: Maju)
Fluss oder auch Milchstraße (Hatun Mayu).

Mesa (ausgesprochen: Mehssa)
Medizinbündel mit Medizinsteinen (Khuyas). Auch Misa oder Misha genannt.

Mestana (ausgesprochen: Messtahna)
Ein handgewebtes Zeremonietuch aus Alpakawolle mit heiligen Mustern der Andenkosmologie. Es wird hauptsächlich für die Mesa, aber auch für Despachos verwendet.

Munay (ausgesprochen: Munei)
Bedingungslose Liebe. Es ist die Kraft des Herzzentrums, die Fähigkeit, die eigene innere Stärke zu erkennen und den eigenen Nektar (Ñukch'u) zu produzieren. »Munay« ist »Liebe« und »Selbstliebe« und entsteht im Kontakt mit dir selbst.

Mosoq (ausgesprochen: Mossock)
Erneuerung, neu.

Mosoq Karpay (ausgesprochen: Mossock Karpei)
Erneuerung des Hatun Karpays.

Mikuy (ausgesprochen: Mikuie)
Essen.

N

Nina (ausgesprochen: Nina)
Element Feuer.

Ñawi (ausgesprochen: Njawi)
Chakra, Energiezentrum. Heißt wörtlich »Auge«.

Ñusta (ausgesprochen: Njusta)
Heißt wörtlich »Prinzessin«. Die Ñustas sind urweibliche Energien der Erde. Es gibt die Ñusta Karpay, die sieben weiblichen Initiationen.

O

Ollantaytambo (ausgesprochen: Ojan Tei Tambo)
Ort im Heiligen Tal, in der Nähe von Cuzco.

Otoronqo (ausgesprochen: Otorongo)
Jaguar, Archetyp des Westens, Kuntisuyu. Auch Uturunku geschrieben. Choqechinchay bezeichnet ebenfalls den Jaguar oder Puma.

P

Pachamama (ausgesprochen: Patscha Mama)
Pachamama bedeutet »Mutter Erde«. Sie ist aber viel mehr als unsere sichtbare Natur. Pacha heißt »Zeit und Raum« und Mama steht für »Mutter«. In ihr existiert die Welt der lebendigen Energien in Form von Materie und Zeit.

Pachakuteq Inka (ausgesprochen: Patscha Kutik Inka)
Hüter der Oberwelt (Hanaq Pacha).

Paqarina (ausgesprochen: Packarina)
Heißt wörtlich »Quelle, Wasserquelle«. Der weibliche Teil deiner kosmischen Eltern wird Paqarina genannt. Dies kann ein See, Fluss, eine Lagune oder ein Meer in der Nähe deines Geburtsortes sein. Sie übernimmt die Patenschaft für dich, ist energetisch mit dir verbunden und kann dir sehr viel Unterstützung geben.

Paqo (ausgesprochen: Packo)
Heiler, Priester, Schamane der Andentradition. Die Paqos gehören der Quechua sprechenden indigenen Bevölkerung Perus an und stammen zum größten Teil aus einer Region, die Q'ero heißt. Paqos können sowohl Männer als auch Frauen sein. Oft wird in heiligen Paaren gearbeitet.

Pukllay (ausgesprochen: Puch li ei)
Spiel oder heiliges Spiel zwischen den Paqos oder zwischen Paqo und Schüler.

Pukyu (ausgesprochen: Puch ju)
Quelle, Wasserquelle.

Q

Q'ero (ausgesprochen: Kero)
Die Q´ero sind direkte Nachfahren der Inka. Mehrere benachbarte Dörfer in den Hochtälern, in der Nähe der Provinz Cuzco im mittleren Süden Perus, bilden die Q'ero-Nationen. Bis heute führen die Q'ero ihr einfaches, traditionelles Leben und folgen ihrer naturverbundenen Kosmologie. Sie sind die Hüter eines uralten spirituellen Wissens aus Prä-Inka-Zeiten.

Qollasuyu (ausgesprochen: Koja Suju)
Himmelsrichtung Süden. Historisch: Region des Inkareiches südlich von Cuzco. In der Kosmologie wird diese Himmelsrichtung archetypisch durch die Schlange Sachamama repräsentiert.

Qorikancha (ausgesprochen: Kori Kanscha)
Ehemaliger Sonnentempel in Cuzco, der mit prunkvollen Goldrelikten und Altären ausgestattet war. Heute ist Qorikancha ein Museum mit Replikaten. Von einem zentralen Stein in Qorikancha aus führen ca. 328 Energielinien zu Kraftorten und Tempeln im Heiligen Tal.

Qosqo (ausgesprochen: Kossko)
Heißt »Nabel, Bauchnabel«. Der Name der Stadt Cuzco ist von Qosqo abgeleitet, sie war der Nabel, das Zentrum des Tawantinsuyu, des Inka-Imperiums.

S

Sami (ausgesprochen: Szami)
Leichte, lichte, geordnete Energie aus der Natur oder dem Kosmos. Auch wir Menschen können, verbunden mit unserer wahren Natur, Sami produzieren. »Saminchay« heißt »segnen«.

Saminchakuy (ausgesprochen Samin Tschaqui)
Übung zum Kanalisieren von Energie. Aufladen des Herzzentrums mit der Kraft der Sonne.

Seq'e (ausgesprochen: Szäcke)
Leylines, Energielinien.

Siwar Q'ente (ausgesprochen: Szewar Kente)

Kolibri, Archetyp des Nordens Chinchaysuyu. »Q'ente« heißt »Kolibri«. Siwar Q'ente ist der goldbraune Kolibri, Q'omer Q'ente ist der grüne Kolibri.

Sonqo (ausgesprochen: Soncko)
Herz. Mehrere Herzen heißen Sonqokuna.

T

Tayta Inti (ausgesprochen: Teita Intie)
Vater Sonne. »Tayta« heißt »Vater«, »Inti« heißt »Sonne«.

Taripay Pacha (ausgesprochen: Taripei Patscha)
Als Taripay Pacha bezeichnen die Paqos den Zeitabschnitt der Evolution, in der sich die Menschheit nun befindet. *Es ist die Zeit, in der wir uns selbst wiederbegegnen.* Für den Beginn dieser Epoche gibt es einige Indizien, die nur wenigen Q'ero-Älteren bekannt sind. Eine anthropologische empirische Forschung dazu wurde in Joan Parisi Wilcox' Buch veröffentlicht.[11]

Tawantinsuyu (ausgesprochen: Tawantin Suju)
Das Reich der vier Himmelsrichtungen: Osten (Antisuyu), Süden (Qollasuyu), Westen (Kuntisuyu), Norden (Chinchaysuyu). »Tawa« heißt »vier«. »Suyu« heißt »Region«. Das Inkareich wurde in diese vier Regionen unterteilt. Zudem sind die vier genannten Himmelsrichtungen in der Andenkosmologie über den Planeten hinauswirkende Kräfte und Gesetzmäßigkeiten. Sie sind den vier Elementen zugeordnet, die ebenfalls über unseren Planeten hinaus existieren.

Tullunchakuy (ausgesprochen: Tujun Tschaqui)
Übung zum Kanalisieren von Energie. Aufladen der Knochenenergie mit der Kraft der Venus. »Tullu« heißt »Knochen«.

U

Ukhu Pacha (ausgesprochen: Uku Patscha)
Untere Welt, Unterwelt der andinen Trilogie. Sie ist die innere Welt von Pachamama mit den Regenbogen-Ebenen. Ihr Hüter ist Huascar Inka.

Uma (ausgesprochen: Uma)
Kopf.

Unu (ausgesprochen: Unu)
Element Wasser. Alternativ Mama Cocha oder Mama Yaku.

W

Waka (ausgeprochen: Hua ka)
Kraftort, heiliger Ort, Tempel.

Wayra (ausgesprochen: Weira)
Element Wind/Luft.

Wiraqocha (ausgesprochen: Wira Kotscha)
Heißt eigentlich »Herr«. Bezeichnet aber den universellen Gott, das höchste Göttliche. Auch Illa Teqse Wiraqocha genannt. Unser achtes Chakra, direkt über unserem Kopf, wird ebenfalls Wiraqocha genannt.

Y

Yachay (ausgesprochen: Jatschei)
Wissen, Weisheit, Kenntnis, lernen. Yachay ist die Kraft des Kopfzentrums und verleiht klare Sicht und eine höhere Perspektive auf das Leben. Es ist die Fähigkeit, zu lernen und zu verstehen. Yachay vertreibt die Wolken des Egos und schenkt innere Klarheit und Intuition.

Yanantin (ausgesprochen: Jannan tien)
Harmonie und Ergänzung von unterschiedlichen Energien und Gegensätzen. Das Pendant ist Masintin: Harmonie und Ergänzung von gleichen Energien.

Yawarchakuy (ausgesprochen: Jawar Tschaqui)
Übung zum Kanalisieren von Energie. Aufladen der Blutenergie mit der Energie des Merkur. »Yawar« heißt »Blut«.

ANMERKUNGEN

1 Gordon, Oakley E.: *The Andean Cosmovision. A path for Exploring Profound Aspects of Ourselves, Nature, and the Cosmos,* Germany: Amazon Distribution 2014, S. 4. (Übersetzt durch die Autorin)

2 Gordon, Oakley E.: *The Andean Cosmovision. A path for Exploring Profound Aspects of Ourselves, Nature, and the Cosmos,* Germany: Amazon Distribution 2014, S. 19. (Übers. d. A.)

3 Vgl. Müller, Thomas und Müller-Herbon, Helga: *Die Kinder der Mitte. Die Q'ero-Indianer,* Göttingen: Lamuv Verlag 1993.

4 De Santillán, Fernando, Valera, Blas, de Santa Cruz Pachacuti, Joan: *Tres relaciones de antigüedades peruanas,* Asunción del Paraguay: Guarania 1950. Copia digital, Madrid: Ministerio de Educación, Cultura y Deporte. Subdirección General de Coordinación Bibliotearia, 2017, https://bvpb.mcu.es/es/consulta/registro.cmd?id=576379 16.12.2019.

5 Academia Mayor de la Lengua Quechua: *Diccionario Quechua – Español – Quechua,* Cuzco-Peru: Gobierno Regional de Cuzco 2005, S. 296.

6 Lehmann-Nitsche, Robert: *Coricancha. El templo del sol en el Cuzco y las imágenes de su altar mayor,* Argentina: Departamento de Antropología del Museo de la Plata 1929.

7 Vgl. Teunissen, Inge und Mango, Dennis Alejo: *The Path of the Energetic Mystic. Part 2. Explore the Essence of Your Heart,* Netherlands: Trophonios Publishing 2016, S. 118.

8 Bolin, Inge: *Rituals of Respect. The Secret of Survival in the High Peruvian Andes,* University of Texas Press Austin, 2. Auflage 2002, S. 43.

9 Pachakamaq wird die Kraft genannt, welche die Kräfte der Erde wie beispielsweise seismische Kräfte kontrolliert. (Academia Mayor de la Len-

gua Quechua: Diccionario Quechua – Español – Quechua. Qheswa – Español – Qheswa. Simi Taqe, Cuzco-Peru: Gobierno Regional Cusco, 2. Auflage 2005.) Es ist also der Raum und die Zeit, wo derartige Dinge ihre Ordnung haben.

10 Vgl. Kahalewai, Nancy S.: *Hawaiianische Lomilomi-Massage. Therapeutische Berührung mit dem Zauber von Hawaii*, Hawaii und Neuseeland, I. M. Publishing 2004, S. 29 (Mana).

11 Wilcox, Joan Parisi: *Masters of the Living Energy. The Mystical World of the Q'ero of Peru*, Rochester, Inner Traditions 2004.

BILDNACHWEIS

Seite 8: Shutterstock © RPBaiao
Seite 10: Shutterstock © Calin Tatu
Seite 24: Stocksy © Andy Lee
Seite 27, 29: © Luis Alejo Mango
Seite 49, 84, 100f., 108f., 116, 130, 133, 137, 141, 143, 150, 156–160, 166, 179, 197, 220, 225f., 230, 234: © Madita Böer
Seite 50: Foto: Madita Böer sowie Fernando de Santillán, Blas Valera, Joan de Santa Cruz Pachacuti: *Tres relaciones de antigüedades peruanas*, Asunción del Paraguay: Guarania 1950. Copia digital, Madrid: Ministerio de Educación, Cultura y Deporte. Subdirección General de Coordinación Bibliotearia, 2017, https://bvpb.mcu.es/es/consulta/registro.cmd?id=576379; Illustration: Creative Market © Marish.
Seite 51: Foto: Madita Böer; Illustration: Creative Market © Marish
Seite 54: Foto: Madita Böer; Illustration: Creative Market © Marish
Seite 56 Foto: Madita Böer; Illustration: Creative Market © Marish
Seite 76: Shutterstock © Kasper Ketelsen
Seite 168: Shutterstock © Alberto Seminario
Seite 175: © Jelena Baack

ÜBER DIE AUTORIN

© Birgit Wingrat Fotografie

Madita Böer ist Hispanistin, Körpertherapeutin, Unternehmerin und Gründerin der Mesa-Schule. Seit 2010 lernt sie in der schamanischen Andentradition und hat Abschlüsse der Four Winds Society sowie des Serena Anchanchu Centre for Inca Shamanism erworben. In ihren Seminaren gibt sie das wertvolle Wissen der Paqos weiter. Madita Böer lebt in Bremen.
Weitere Informationen unter www.maditaboeer.de und www.mesa-schule.de